Das Warum Buch

Bibliografische Information Der Deutschen Bibliothek
Die Deutsche Bibliothek verzeichnet diese Publikation in der Deutschen Nationalbibliografie; detaillierte bibliografische Daten sind im Internet über http://dnb.ddb.de abrufbar.

Titel der Originalausgabe: *Le livre des pourquoi*
Erschienen bei Éditions de La Martinière SA, Paris 2003

Deutsche Erstausgabe

Ein Unternehmen der La Martinière Groupe

Gestaltung: Elisabeth Ferté
Satz: satz & repro Grieb, München
Druck: Pollina, Lucon - L98881 c
Printed in France

ISBN-13: 978-3-89660-333-3
ISBN-10: 3-89660-333-7

www.knesebeck-verlag.de

Das Warum Buch

Texte von
Martine Laffon und
Hortense de Chabaneix

Illustrationen von
Jacques Azam

Aus dem Französischen von
Christa Trautner-Suder

KNESEBECK

Inhalt

Warum räumen Kinder nie auf?

Vielleicht räumen Kinder ihre Sachen nicht auf, weil sie insgeheim hoffen, jemand anders würde das für sie erledigen.

Wir haben nicht alle dieselbe Vorstellung von Ordnung. Trotzdem sind wir von unserer Geburt an mit Aufräumen und Einordnen beschäftigt. Unser Gehirn sortiert nämlich alle Informationen, die es von unseren fünf Sinnen und unserem Verstand geliefert bekommt: Hund zu Hund, Tisch zu Tisch.

Sobald das Gehirn eine Information erhält, muss es diese in eine bestimmte Schublade stecken, um sie später wiederzufinden. Würden wir Schuhe immer in einen Topf legen und das Ganze in den Kühlschrank stellen, könnten wir ziemlich sicher sein, dass mit unserem Gehirn etwas nicht stimmt.

Aus Faulheit stellen wir aber trotzdem gelegentlich die Schuhe zu irgendwelchen anderen Dingen. Und schon haben wir das schönste Durcheinander. Eltern meinen aber, dass Unordnung im Zimmer gleichbedeutend ist mit Unordnung im Kopf. Und dass Unordnung im Kopf gleichbedeutend ist mit der Unfähigkeit, zu lernen und in der Schule richtig mitzuarbeiten.

Damit haben Eltern tatsächlich Recht. Aufräumen und Einordnen, selbst nach einer unlogischen Ordnung, die nur für uns selbst nachvollziehbar ist, trägt zu einer besseren Arbeitsorganisation bei. Seltsamerweise beginnt das bei ganz kleinen Dingen wie beispielsweise beim Zimmeraufräumen.

Wozu ist weinen gut?

Ein unerwarteter Windstoß oder große Angst, eine Mücke, die uns verfolgt, oder tiefe Traurigkeit, ein Keim, der uns krank macht, oder ein heftiger Schmerz – für unsere Tränenfabrik ist das alles ein und dasselbe! Diese Fabrik macht keinen Unterschied zwischen einem körperlichen oder einem seelischen Angriff. Aber wie funktioniert das, und wie entstehen Tränen?

Stellt euch ein Luxusauto vor, bei dem die Reinigungsflüssigkeit für die Scheibenwaschanlage automatisch produziert wird und beim kleinsten Fleck auf der Windschutzscheibe in Aktion tritt. So wie dieses Traumauto ist unser Auge wunderbar dafür gerüstet, jeden äußeren Angriff abzuwehren, der unseren Blick trüben könnte: Die Windschutzscheibe des Auges ist eine durchsichtige Membran (dünne Haut), von der die Hornhaut bedeckt und geschützt wird. Die Reinigungsflüssigkeit sind die Tränen, und der Scheibenwischer ist unser Augenlid.

Normalerweise produziert diese kleine Fabrik jeden Tag durchschnittlich 1,5 Milliliter Tränen, die gleichmäßig ins Auge fließen, ohne dass etwas überschwappt. Erfolgt jedoch ein Angriff, wird so lange eine große Tränenmenge produziert, bis alles wieder in Ordnung ist.

Wenn Augen und Nase nicht die gesamte Flüssigkeitsmenge aufnehmen können, quillt alles über, und wir heulen Rotz und Wasser.

Es nützt also nichts sich zu beherrschen, Weinen tut gut, und Tränen sind eines der besten Reinigungsmittel bei Verletzungen von Körper und Seele. Anschließend können wir die Weiterfahrt bei guter Sicht fortsetzen.

Warum sind Nachspeisenteller kleiner als Suppenteller?

In reichen Familien wurden früher während einer Mahlzeit mindestens sechsmal die Teller ausgetauscht. Heute wechselt man die Teller zwar sehr viel seltener, eine Benimmregel sagt jedoch, dass die Nachspeise von einem anderen Teller gegessen wird als das Hauptgericht oder die Vorspeise.

Es empfiehlt sich auch tatsächlich, diese meist sehr unterschiedlichen Geschmacksrichtungen nicht auf einem (bereits benutzten) Teller zu vermischen.

Aber warum sind die Teller für die Nachspeise so klein? So klein, dass kaum drei Teelöffelchen Schokoladenpudding Platz darauf finden?

Die Nachspeise isst man, wie der Name schon sagt, am Ende einer Mahlzeit. Daher ist es unmöglich, sich mit Himbeerkuchen, Karamellpudding oder anderen Köstlichkeiten voll zu stopfen, als wäre der Magen noch leer. Die Größe der Dessertteller entspricht also der Größe des Appetits.

Suppe und Hauptgerichte dienen unserer Ernährung. Die Nachspeise ist eine Leckerei, die mit Hunger nichts zu tun hat. Wenn ihr also einen großen Dessertteller haben möchtet, gibt es nur eine Lösung: die Mahlzeit von hinten beginnen!

Warum regnet es?

»Wenn du deinen Teller schön leer isst, wird das Wetter morgen schön.« Natürlich hat niemand von uns Einfluss auf das Wetter von morgen oder in zwei Stunden. Warum also regnet es?

Die Luft um die Erde herum ist in ständiger Bewegung und wandert von kalten in warme Gebiete und umgekehrt. Warme Luft ist leicht und befindet sich oben, kalte Luft ist schwerer und sinkt daher nach unten. Weil das Wasser aus dem Meer, den Flüssen und Seen ständig verdampft, enthält die Luft immer Feuchtigkeit.

Gelangt diese Luft über kalten Boden, kühlt sie sich ab und wird schwerer, so entstehen Nebel und Tau.

Kommt die Luft in einen warmen Bereich, steigt sie auf, und aus dem Wasserdampf bildet sich eine Wolke. Werden die Wassertropfen in der Wolke zu zahlreich, fängt es an zu regnen.

Die Erklärung für dieses Phänomen ist zwar ziemlich einfach, das Wetter ändert sich aber sehr oft, und das ist manchmal nicht vorhersehbar. Die Winde sind sehr launisch, daher ist es gar nicht einfach, die genaue Stärke zu erraten, mit der sie eine Kalt- oder Warmfront vor sich hertreiben werden.

Da können die menschlichen Wetterfrösche, die Meteorologen, noch so raffinierte Computer benutzen, die Wettervorhersage bleibt schwierig.

Warum gibt es Krankheiten?

Seit es Menschen gibt, fragen sie sich, warum es Krankheiten gibt.

Unsere westliche Medizin hat die Krankheitsursachen in vier große Kategorien eingeteilt. Die erste Gruppe sind Angriffe von außen. Bei diesen Feinden kann es sich um ein Insekt, einen Virus, ein Bakterium oder einen Pilz handeln, aber auch um schädliche Umwelteinflüsse oder sogar eine schlechte Ernährung. Dadurch können wir beispielsweise Röteln, Grippe, AIDS oder Allergien bekommen.

Dann gibt es Krankheiten, die durch eine innere Störung entstehen: Der Organismus gerät aus dem Gleichgewicht. Das ist eine Art Selbstzerstörung, bei der sich Zuckerkrankheit (Diabetes) entwickeln oder Krebs entstehen kann.

Die beiden übrigen Kategorien von Krankheitsursachen gehen auf einen Unfall zurück, der bereits bei unserer Entstehung passiert ist: Dabei handelt es sich um genetisch bedingte Krankheiten und Chromosomenstörungen.

Alle unsere Chromosomen kommen paarweise vor. Krankheiten durch Chromosomenstörungen entstehen daher, wenn es bei unseren 23 Chromosomenpaaren ein Chromosom zu viel oder zu wenig gibt. Jemand mit Trisomie 21 hat beim 21. Chromosomenpaar drei statt zwei Chromosomen.

Wir sind von Natur aus mehr oder weniger widerstandsfähig gegen Krankheiten. In jedem Fall aber können wir die Risiken begrenzen, indem wir mit unserem Körper gut umgehen, und zwar nach dem Motto: Vorbeugen ist besser als heilen!

Warum fürchtet man sich im Dunkeln?

Weil man im Dunkeln nichts sieht! Wir sind keine Katzen, unsere Augen benötigen eine gewisse Lichtmenge, damit wir unsere Umgebung erkennen können.

Lasst die Tür offen! Macht das Licht im Flur an! Bitte nicht die Vorhänge zuziehen! So hat jeder seine kleinen Tricks, um nicht im Dunkeln aufwachen zu müssen.

Es genügt ein winzig kleiner Anlass, an den wir uns vielleicht nicht einmal mehr erinnern, damit unser Gedächtnis für immer die Angst vor der Dunkelheit speichert: Als Baby sind wir vielleicht auf dem Arm unserer Mama eingeschlafen und irgendwann in einer Wiege aufgewacht.

Wir schrecken plötzlich auf, mit dem Kopf am Fußende des Bettes, oder verspüren mitten in der Nacht ein dringendes Bedürfnis und wissen nicht mehr, wo die Toilette ist.

Zu unseren Seh- oder Gedächtnisproblemen kommt noch die Stille der Nacht hinzu, die das geringste Geräusch von Blättern oder einem knarrenden Fußboden verstärkt. Außerdem funktionieren unsere Sinne nicht perfekt, wenn wir nur kurz aufwachen. Manchmal scheinen dann alle Dinge auf dem Kopf zu stehen.

Ihr solltet aber auch wissen, dass Kinder wenigstens über ihre Angst vor der Dunkelheit sprechen, während die Erwachsenen diese oft verheimlichen. Bester Beweis: Manche ziehen nie die Vorhänge zu!

Warum müssen Kinder gehorchen?

Oh je!
Nicht mit Streichhölzern spielen,
nicht nur Süßigkeiten essen,
Zähne putzen, schlafen gehen …
Wie nervig das alles ist!

Aber habt ihr noch nie bei einer Tierreportage gesehen, wie eine Löwenmama ihr Löwenbaby im Nacken am Fell packt, um es zur Gruppe zurückzubringen? Oder wie eine Affenmama von ihrem Jungen fordert, dass es während der regelmäßigen Entlausung stillhält?

So ist das eben!
Menschen- und Tierkinder wissen bei ihrer Geburt noch nicht, was gut für sie ist. Daher haben Eltern die Aufgabe, ihnen beizubringen, wie sie sich ernähren, waschen und auf alles in ihrer Umgebung aufpassen sollen. Solange die Überlebensreflexe noch nicht in Fleisch und Blut übergegangen sind, sagen und zeigen Eltern ihren Kindern immer wieder dasselbe.

Dabei handelt es sich in gewisser Weise um das »Gesetz der Liebe«. Ein Kind gehorcht nicht, weil die Großen stärker sind, sondern weil es sich von ihnen geliebt weiß. Eltern haben vor allem die Aufgabe, ihre Kinder zu einem selbstständigen Leben innerhalb der Gemeinschaft zu befähigen.

Deshalb folgender Tipp:
Je schneller ihr die kleinen Hinweise von selbst versteht, bevor man euch etwas sagen muss, desto weniger werdet ihr euch gezwungen fühlen, sie zu befolgen.

Geh da nicht hin!
Tu das nicht!
Lass das!
Vorsicht!
Nicht da lang!
Mach deine Hausaufgaben!
Räum dein Zimmer auf!

Warum haben nicht alle denselben Gott?

Im Altertum verehrten die Griechen Zeus, den Göttervater. Für die Römer war Jupiter der Herr über Götter und Menschen. Die Ägypter sollen zwölf große Götter angebetet haben. Heute gehören 82 Prozent der Erdbewohner einer Religion an, sie beten aber zu verschiedenen Göttern.

Für manche gibt es nur einen einzigen Gott, andere glauben an viele. Für manche ist dieser eine Gott gut, andere glauben, dass es auch böse Götter gibt.

Warum haben nicht alle Menschen denselben Gott? Niemand weiß wirklich, wie Gott ist, daher stellt ihn sich jeder auf seine Art vor. Es können also nicht alle Menschen dieselbe Vorstellung von Gott haben.

Für Juden, Christen und Moslems gibt es nur einen Gott, der die Welt und die Menschen erschaffen hat. Die Hindus verehren die drei großen Gottheiten Brahma, Schiwa und Wischnu. Man kann auch an denselben Gott glauben, ihn aber je nach Religionszugehörigkeit anders anbeten.

Jede Religion hat ihre Riten. Die Religion lehrt, wie, wann und wo man beten soll, einige schreiben auch vor, was man essen darf, was verboten ist und wie man sich kleiden soll, um mit seinem Gott oder seinen Göttern in Einklang zu sein. Die Wahl des Gottes, an den man glaubt, hängt teilweise von der Kultur des Heimatlandes ab. In Asien beispielsweise leben wenig Christen, im Westen wenig Hindus.

Warum liebt man jemanden und hört vielleicht wieder auf, ihn zu lieben?

Die Dichter sprechen oft von *ewiger* Liebe. Aber es gibt viele verschiedene Arten der Liebe: Freundschaft, Zuneigung, Bewunderung, Liebe innerhalb der Familie, Verliebtheit …

Im Prinzip gibt es nur eine Liebe, die ein Leben lang hält: die Liebe der Eltern zu ihrem Kind. Später ist die Liebe häufig ein Wechselspiel.

Euer bester Freund kann euer schrecklichster Feind werden, wenn er eure Freundschaft verraten hat, indem er euch zum Beispiel gedemütigt hat. Manchmal zerbricht eine Freundschaft auch, weil man sich einfach nicht mehr versteht.

Man kann nicht verhindern, dass man größer und älter wird. Mit der Zeit werden die Unterschiede immer deutlicher. Wir finden neue Freunde, interessieren uns heute für Dinge, die wir früher langweilig fanden … Kurz gesagt, wir verändern uns, und genauso geht es mit unseren Gefühlen.

Wenn man sich trennt, nachdem man sich einmal geliebt hat, ist das immer sehr traurig. Manchmal nimmt man die anderen auch so hin, wie sie sind, um nicht allein bleiben zu müssen.

Wie kann der Himmel Lärm erzeugen?

Unwetter entstehen nicht, weil das kleine Jesuskind mit seinen Freunden Fußball spielt, und auch nicht durch einen Zusammenstoß zweier Wolken. Eigentlich schade, das wäre eine nette Vorstellung. Der Lärm des wütenden Himmels entsteht in Wirklichkeit durch ein bestimmtes Wetterphänomen.

Bei großer Hitze oder wenn eine kalte und trockene Luftströmung auf eine warme und feuchte Luftströmung trifft, entstehen riesige Wolken. Im Inneren dieser Wolken saugen Luftwirbel die Wassertropfen nach oben. Da in einer gewissen Höhe die Lufttemperatur sinkt, gefriert das Wasser zu Eis und fällt wieder herunter, weil es schwerer geworden ist. Weiter unten schmilzt das Eis zu Wasser und wird erneut nach oben gesaugt.

Wasser und Eis reiben sich also ständig aneinander, dadurch entsteht Elektrizität, das heißt Licht und Hitze: der Blitz. Durch die Hitze des Blitzes dehnt sich die Luft aus und zwar so schnell, dass sie sogar den Schall überholt. Wenn sie dann die Schallmauer durchbricht, kracht es fürchterlich: das ist der Donner. Und weil die Lichtgeschwindigkeit des Blitzes tausendma höher ist als die Schallgeschwindigkeit des Donners, sehen wir den Blitz, bevor wir den Donner hören.

Unglaublich, aber wahr:
Jeden Tag gibt es auf der Erde fast 44 000 Gewitter!

Warum wird man kein Weltmeister, obwohl man sich das so sehr wünscht?

Weltmeister, welch herrlicher Traum! Im Fußball, Radfahren, Schachspiel oder Schnellessen! Es wäre so toll, den eigenen Namen in Großbuchstaben in der Zeitung zu lesen, im Fernsehen aufzutreten, Autogramme zu geben.

Aber selbst wenn man jahrelang trainiert, trainiert, trainiert … nichts zu machen. Zum Weltmeister reicht es einfach nicht.

Ja, so ist das, wir möchten manchmal etwas Besonderes sein oder machen, erreichen dieses Ziel aber leider auch nach vielen Mühen nicht. Entweder weil uns dazu ganz einfach die körperlichen oder geistigen Fähigkeiten fehlen oder weil wir uns ein viel zu ehrgeiziges Ziel gesteckt haben.

Besser ist es also, mit den Füßen fest auf dem Boden der Tatsachen zu bleiben, um nicht einen Misserfolg nach dem anderen zu erleben. Man sollte die eigenen Fähigkeiten und Grenzen ehrlich erkennen und sich dann ein erreichbares Ziel setzen.

Bei den alten Griechen galt der gute Rat, jeder solle das für ihn passende Maß finden, sich weder überfordern noch unterfordern. Clubmeister zu werden ist doch auch eine schöne Sache!

Was ist in einem Hügel drin?

Ein Haufen Kobolde, die sich damit vergnügen, Gänge zu graben, um die Maulwürfe zu erschrecken. Nein, Spaß beiseite, lassen wir uns das Innere eines Hügels lieber von den Leuten erklären, die sich mit den Veränderungen der Erde befassen, von den Geologen.

700 Millionen Jahre hat es gedauert, bis die Erdoberfläche so aussah, wie wir sie heute kennen. In Deutschland gibt es beispielsweise Berge, Hochebenen, Hügel und Tiefebenen.

Hügel sind einmal sehr hohe Berge gewesen, die sich zum Zeitpunkt der Erdentstehung gebildet haben, deren Felsen jedoch über einige Millionen Jahre hinweg durch Wind, Wasser und Kälte abgetragen wurden. Sie haben sozusagen abgenommen.

Einige Hügel sind nur noch 200 Meter hoch und werden irgendwann flach wie ein Pfannkuchen sein. Die Formen der Erdoberfläche sind nicht unveränderlich, sie entwickeln sich über einen Zeitraum von einigen Millionen Jahren unmerklich und bilden neue Formationen.

Also von wegen Kobolde, die sich im Hügel verstecken ... Außen wie innen Felsen, nichts als Felsen!

Wer hat bestimmt, dass ein Tag 24 Stunden hat?

Die Zeit auf einer Uhr
oder einem Wecker abzulesen
ist ganz einfach, früher jedoch, im Altertum,
musste man sich anders behelfen.
Tagsüber orientierte man sich an der Sonne.
Aber was machte man nachts?

Astronomen
im alten Ägypten teilten die
Nachtstunden anhand der Sterne ein.
Sie hatten beobachtet, dass diese
wie die Sonne im Osten auf- und im
Westen untergehen. Um die Beobachtung
zu erleichtern, teilten sie den
Himmel wie einen großen Kuchen
in 36 Stücke ein.

Sie wussten auch,
dass einer dieser Sterne ein Fixstern
ist, der Polarstern, und dass alle
anderen Sterne sich um ihn drehen.
Sie beschlossen, den Polarstern
als Bezugspunkt zu nehmen.

Durch Beobachtung
des Sommerhimmels stellten die
Astronomen fest, dass nur zwölf
Stücke des Himmelskuchens
an diesem Bezugspunkt vorbeiziehen.
Sie beschlossen, pro Himmelsteil
eine Stunde festzulegen, sodass die Nacht
zwölf Stunden dauerte. Sie gingen
davon aus, dass dieselbe Einteilung
für den Tag gilt, und gaben daher
auch einem Tag zwölf Stunden.
Damit war die 24-Stunden-
Einteilung erfunden.

Auf Gräbern aus der Zeit
um 3000 v. Chr. hat man aufgemalte
Sternenuhren gefunden, die dieser
Zeitrechnung entsprechen.

Warum leben Tiere nicht so lange wie Menschen?

Eintagsfliegen sind Insekten, deren Larven zwei bis drei Jahre auf dem Grund eines Sees bleiben und die, wenn sie dann endlich aus der Larvenhaut geschlüpft sind, nur wenige Stunden leben.

Die älteste Schildkröte der Welt starb 1965 im Alter von mindestens 192 Jahren. Man weiß das, weil Kapitän Cook sie im Jahr 1773 der königlichen Familie von Tonga geschenkt hatte.

Wissenschaftler glauben, dass Menschen sogar 120 Jahre alt werden können. Zusammen mit den Schildkröten und den Elefanten wären wir demnach die Gattung mit der höchsten Lebenserwartung. Aber warum gibt es da so große Unterschiede?

Bei jeder Gattung ist der Alterungsprozess des Organismus vorprogrammiert: die Anzahl der Zellen, ihre Erneuerung und ihr Abbau. Dieses Programm kann aber durch eine Menge äußerer Faktoren gestört werden, wodurch sich die Lebensdauer verringert.

Dank zahlreicher medizinischer Fortschritte und weil sich die Arbeitsbedingungen und die allgemeinen Lebensumstände deutlich verbessert haben, ist die Lebenserwartung des Menschen in den letzten 5000 Jahren immer mehr gestiegen.

Das gilt aber nur für die sogenannten entwickelten Länder. In bestimmten Regionen, wie beispielsweise dem Süden Afrikas, wo mehr als zehn Prozent der Bevölkerung an AIDS erkrankt sind, ist die Lebenserwartung innerhalb von 25 Jahren um 16 Jahre gesunken.

Einfach unverwüstlich, diese Geschöpfe!

Warum ist man böse?

Böse ist, wer böse sein möchte. Bösesein ist nämlich zunächst der willentliche Entschluss, jemandem zu schaden, gemein zu sein. Niemand ist von Geburt an böse, das entwickelt sich erst im Laufe der Zeit.

Meist wird Boshaftigkeit durch Wut ausgelöst. Wut ist ein sehr heftiges und schwer kontrollierbares Gefühl. Ganz plötzlich und unüberlegt brechen Schläge, Worte oder Schreie aus einem heraus. Wut erzeugt neue Wut und neues Geschrei und dann Tränen der Trauer, das Gefühl von Machtlosigkeit und Schuld.

Man kann nicht jeden gern haben. Genauso wie man nicht alles verstehen und auch nicht alles akzeptieren kann. Ein Schnellkochtopf ist mit einem Sicherheitsventil ausgerüstet, das den Dampf entweichen lässt, um so eine Explosion zu verhindern. Unser Sicherheitsventil ist die Sprache. Wenn wir sagen, was wir empfinden, um eine Erklärung bitten oder uns selbst fragen: »Warum gerate ich in einen derartigen Zustand?«, können wir manches besser verstehen und dadurch vermeiden, dass wir einen Wutanfall bekommen.

Wie kann ein Flugzeug fliegen?

Zu den schönsten Träumen des Menschen gehörte es schon immer, sich in die Lüfte zu erheben, der Sonne zu nähern oder die Erde von oben zu betrachten. Dennoch dauerte es viele Jahrhunderte, bis der Mensch begriff, dass es nicht ausreicht, sich Flügel an den Rücken zu kleben, um wie ein Vogel fliegen zu können.

Durch Beobachtung und Forschung, indem er sich in die Luft erhob und wieder herunterstürzte, hat der Mensch schließlich entdeckt, dass die Luft zwar unsichtbar, aber trotzdem eine Materie mit Kräften und Strömungen ist. Ohne Luft kann man nicht abheben. Wie funktionieren also die Flügel?

Wenn das Flugzeug dank seines Motors beschleunigt, wird die Luft durch seine beiden Tragflächen geteilt. Ein Teil der Luft nimmt den Weg über die Tragfläche, ein anderer Teil strömt darunter hindurch. Weil die Tragfläche aber oben gewölbt ist, hat die Luft auf der oberen Seite einen längeren Weg als auf der unteren Seite. Diese zwei unterschiedlichen Wege sind der Trick beim Fliegen: Die Luft an der Unterseite übt einen stärkeren Druck aus als die an der Oberseite und drückt so das Flugzeug nach oben (das nennt man Auftrieb).

So kann das Flugzeug abheben und hält dank der Luft, von der es getragen wird, seine Flughöhe.

Warum lutscht man Daumen?

Daumenlutschen ist einfach angenehm, und nicht selten beginnen Babys bereits im Bauch ihrer Mama damit.

Saugen ist eine Lebensnotwendigkeit, denn auf diese Art ernährt sich das Baby. Daher versteht man sehr gut, dass zwischen zwei Mahlzeiten dieses ganz natürliche, wenn auch nicht notwendige Tun eine Quelle der Zufriedenheit, Beruhigung und Freude sein kann.

Mit der Zeit gewöhnt sich das Kind an das Daumenlutschen. Die meisten Kinder verzichten mit etwa sieben Jahren auf ihren Daumen. Etwa in diesem Alter kommen auch die bleibenden Zähne. Von jetzt an kann Daumenlutschen zu Verformungen des Gaumens und der Zähne und zu Störungen bei der Aussprache führen.

Dieses Alter ist auch der Zeitpunkt, ab dem das Kind selbstständiger wird und seine Umgebung erobert. Daher gibt es ganz natürlich eine Handlung auf, die es sich als Baby angewöhnt hatte.

Aber keine Panik! Das Alter von sieben Jahren ist keine starre Grenze, ab der ein Daumenlutscher nicht mehr normal wäre. Er ist einfach noch nicht ganz so weit, das ist alles!

Warum ist der Wind unsichtbar?

Passatwind, Nordwind, Blizzard, Föhn, Meltem, Pampero, Schirokko, Willy-Willy oder Zephir: Jeder der 150 Winde unserer Erde wurde nach seiner Herkunft oder seinen Merkmalen benannt.

Im Altertum glaubte man an einen göttlichen Ursprung: Stürme oder Orkane galten als heftiger Atem eines wütenden Gottes, erfrischender, leichter Wind als Atem einer schlafenden Göttin. Bis zum 17. Jahrhundert musste man warten – auf Galileo, Pascal und Torricelli –, bis man verstand, dass der Wind nichts weiter als eine Luftströmung ist.

Je nach Stärke der Sonnenstrahlen ist die Luft mehr oder weniger warm. Die Winde kommen aus kalten Zonen, wo die Luft schwerer ist, und blasen in Richtung der warmen Zonen, wo die Luft leichter ist. Je größer der Druckunterschied zwischen den warmen und kalten Luftströmungen ist, desto stärker bläst der Wind.

Und warum ist der Wind unsichtbar? Weil es sich um eine Mischung aus farblosem und geruchlosem Gas mit vielen verschiedenen, mikroskopisch kleinen Staubarten handelt, die für das bloße Auge unsichtbar sind.

Wenn der Wind Wassertröpfchen oder Sand mit sich trägt, kann man manchmal sehen, wie er sich fortbewegt, meist aber kann man ihn nur spüren und hören, wie er seufzt, heult oder pfeift.

Warum mag ich Schokolade, aber keinen Spinat?

Wenn Gemüse wie Salat oder Spinat gekocht wird, bekommt es einen leicht bitteren Geschmack, den ihr vielleicht nicht so gerne mögt. Mit einer Soße nach eurem Geschmack kann es aber sehr lecker sein. Bei der Schokolade hängt auch alles vom Rezept ab. Versucht doch einmal, direkt in eine Kakaobohne zu beißen, dann werdet ihr merken, wie bitter sie ist!

Was wir gerne essen, hängt von dessen Geruch und Geschmack ab, aber auch von unserem Gefühl und unserer Erziehung. Es gibt eine Art zentralen Geschmackscomputer im Gehirn, den die Wissenschaftler als Geruchs- und Geschmackszentrum bezeichnen. Dieser Computer wertet die Informationen aus, die er von vielen 100 Millionen Rezeptoren (kleinen Sinnesmeldern) in unserer Nase, dem Gaumen und der Zunge bekommt.

Diese Informationen werden in vier große Kategorien sortiert – süß, salzig, sauer oder bitter – und im Gedächtnis gespeichert. Süß wird allgemein geschätzt, denn es erinnert an den Geschmack der Muttermilch: Daher verschafft es uns Wohlbefinden und das Gefühl der Geborgenheit. An zweiter Stelle der Hitliste steht salzig, Gott sei Dank, denn Salz ist lebensnotwendig: Es ermöglicht dem Körper, Wasser zu speichern. Wir bestehen immerhin zu 65 Prozent aus Wasser.

Die Geschmacksrichtungen sauer und bitter sind nicht lebensnotwendig, und unse Wertschätzung dafür hängt von der Reaktion unserer Rezepto und vor allem auch von unsere Erziehung ab.

Wusstet ihr, dass die Rezeptoren der Zunge Papillen heißen? Sie sind folgendermaßen angeordnet: Auf der Zungenspitze sitzen die Papillen, die vor allem für Süßes empfänglich sind. Seitlich direkt dahinter sitzen die Papillen für Salziges. Hinter ihnen befinden sich die für Saures zuständigen Papillen und ganz hinten die Bitter-Spezialisten.

Warum gibt es an manchen Orten Erdbeben und an anderen nicht?

Unsere gute alte Mutter Erde ist weit davon entfernt, so stabil zu sein, wie wir glauben. Überall an ihrer Oberfläche kracht und bewegt es sich, und im Erdinneren ist alles im Fluss.

Unter der Erdkruste, einer Art felsiger Schale, die den Boden bildet, auf dem wir stehen, befindet sich ein 3000 Kilometer dicker Mantel aus geschmolzenem Fels in langsamem Fluss: das Magma. Erdbeben entstehen zwischen der Erdkruste und diesem Mantel.

Dieser unruhige Bereich unterteilt sich in etwa 20 Platten, die auf dem Magma treiben und sich pro Jahr beständig um zwei bis fünf Zentimeter verschieben. Sie entfernen sich voneinander, nähern sich einander an oder schieben sich übereinander. Durch die Reibung entstehen enorme Spannungen. Werden die Spannungen so stark, dass die Felsen ihnen nicht mehr standhalten können, zerbersten diese oder verändern ihre Lage.

Solche plötzlichen Bewegungen verursachen Schwingungen: heftige Wellen, die bis an die Oberfläche emporsteigen und den Erdboden erzittern lassen.

Den Abstand zwischen zwei Platten nennt man Spalte. Erdbeben entstehen entlang dieser Spalten. Es gibt Erdkarten, auf denen die Lage der Platten und Spalten eingezeichnet ist, so dass man die geografischen Risikobereiche erkennen kann.

Warum funkeln die Sterne am Himmel?

Über die Sterne wird seit Menschengedenken viel erzählt. Einige unserer sehr entfernten Vorfahren dachten, sie seien wie mit Nadeln an den Himmel gesteckt, unbeweglich und ewig wie die Götter. Andere glaubten, es seien kleine Löcher, um den Regen durchzulassen!

Inzwischen weiß man, dass die Sterne genauso wie die Sonne – die auch nur ein Stern unter 200 Milliarden weiteren Sternen unserer Galaxie ist – geboren werden, mehrere Millionen Jahre leben und dann sterben.

Sterne sind riesig große, brennende Gaskugeln (ihre Temperatur kann über 10 000 Grad erreichen). Diese Gaskugeln setzen eine beachtliche Energie frei, die Licht produziert. Daher funkeln die Sterne.

In der Erdatmosphäre wandern aber unaufhörlich zahlreiche Blasen aus heißem Gas umher. Jedes Mal, wenn diese Gasblasen vor den Sternen vorbeiziehen, lenken sie das Licht ab, und die Sterne erscheinen uns weniger hell.

Für die Astronomen hat ein und derselbe Stern zwei Arten von Leuchtkraft. Die eine ist die Leuchtkraft, die wir in einer sternenklaren Nacht sehen: Man nennt sie scheinbare Helligkeit. Sie ist davon abhängig, von wo aus wir den Stern betrachten. Die andere, die absolute Helligkeit, ist die Leuchtkraft, die dem Stern eigen ist, und hängt von seiner Größe ab. Sie ändert sich nicht, egal, von wo aus wir den Stern beobachten.

KUCKUCK!
Unerhört, für wen hält der sich?

Warum ist der Himmel blau?

Man kann ein noch so begabter Dichter sein und seufzend den blauen Sommerhimmel bewundern, Tatsache ist, dass wir ihn immer nur durch eine 200 Kilometer dicke Scheibe betrachten können: die Erdatmosphäre.

Die Erdatmosphäre ist eine Gasschicht, die wie ein großer Schal die Erde umschlingt und vor den Sonnenstrahlen schützt. Sie sorgt dafür, dass der Himmel blau ist. Sie lässt nämlich von den sieben Farben des Sonnenlichts nur eine durch, das Blau.

Wenn wir bei Sonnenuntergang den Himmel rot sehen, so liegt das daran, dass wir in diesem Moment weiter von der Sonne entfernt sind. Ihr Licht muss daher eine dickere Schicht der Atmosphäre durchdringen, die nur das Rot hindurchlässt.

Aber Atmosphäre hin oder her, reckt weiterhin eure Nase in die Luft und lasst euch von diesem wunderschönen blauen Himmel verzaubern!

Kann mir jemand meine Seele stehlen, während ich schlafe?

Nur in Science-Fiction-Filmen können Bösewichte in den Kopf guter Menschen eindringen, während diese schlafen. Die Wirklichkeit sieht so aus, dass unser Gehirn auch im Schlaf aktiv bleibt und uns sofort wecken würde, wenn ein Störenfried auftauchte. Aber womit beschäftigt es sich in dieser Zeit?

Zuerst gibt es den Nervenzentren die Anweisung, auf Sparflamme zu schalten. Dies nennt man die Einschlafphase. Anschließend wird eine ganze Truppe verschiedener Zellen beauftragt, den Körper wieder instand zu setzen: Muskeln, Haut, Knochen… Insbesondere kann der Körper nun wachsen, denn nur in dieser Phase wird das Wachstumshormon ausgeschüttet. Dies ist die Tiefschlafphase.

Schließlich erledigt das Gehirn seine Hausarbeit: speichert, organisiert und versucht Probleme zu lösen. In dieser Phase – dem sogenannten REM-Schlaf – träumen wir.

Diese verschiedenen Phasen dauern insgesamt bis zu zwei Stunden und wiederholen sich im Laufe einer Nacht drei-, vier- oder fünfmal, je nach Bedarf! Vor dem Schlaf braucht man keine Angst zu haben, denn Träume entstehen in uns selbst, von außen kann das niemand beeinflussen.

Keine Spur also von Dieben oder fremden Eindringlingen, es sind alles Gefühle, die wir im Tagesverlauf erlebt haben und die sich in Bilder verwandeln, damit wir sie besser verstehen können.

Warum wird mir beim Autofahren schlecht?

SCHNELL, anhalten!
Mir ist schlecht!

Beim Autofahren kann es einem manchmal schlecht werden, weil man nicht selbst am Steuer des Wagens sitzt, der einen befördert. Das Gehirn empfängt dadurch Informationen, mit denen es nicht gerechnet hat. Das ist etwa so, als würden wir uns bewegen, ohne dass das Gehirn, welches eigentlich das Kommando hat, es uns erlaubt hätte.

Im Innenohr haben wir kleine Empfänger (Rezeptoren). Sie teilen dem Gehirn mit, wenn unser Kopf seine Stellung verändert. Diese Rezeptoren sprechen auf Erschütterungen, Kurven oder Beschleunigungen an, und das Gehirn hat Probleme mit der Aufzeichnung dieser neuen Informationen. So sind wir auf Störstufe eins!

Dann gelingt es den Augen nicht mehr, deutliche Bilder wahrzunehmen, einmal wegen der unvorhergesehenen Kopfbewegungen, aber auch aufgrund der Geschwindigkeit. Das Gehirn bekommt nur unscharfe Informationen. Störstufe zwei ist erreicht!

Die Messfühler (Sensoren) schließlich, die sich in unserer Fußsohle befinden, dienen normalerweise dazu, die Art des Bodens zu erkennen, auf dem sich unser Körper befindet. In einem Auto reichen die Füße entweder nicht bis zum Boden, oder dieser Boden ist in Bewegung … Es ist für das Gehirn also nicht möglich, die Situation richtig einzuschätzen. Störstufe drei!

Übelkeit beim Autofahren kommt also von den Ohren, den Augen und den Füßen, die anhand ihrer Rezeptoren oder Sensoren dem Gehirn Informationen übermitteln, die dieses nur schlecht verarbeiten kann, da sie nicht vorhersehbar sind.

Warum duften Blumen so gut?

Blumen sind in der Erde verwurzelt, sie können sich also nicht auf die Suche nach einem Ehepartner machen, um Blumenbabys zu bekommen. Und obgleich jede Blume männliche und weibliche Fortpflanzungsorgane enthält, kann sie sich nicht selbst vermehren.

Irgendwie müssen die Pollen zu einer anderen Blume derselben Gattung transportiert werden, damit eine Befruchtung stattfindet. Daher nutzen Blumen, was ihnen die Natur zur Verfügung stellt: Wind und Insekten.

Sehr schüchterne Blumen, die meist völlig unbemerkt bleiben, überlassen dem Wind die Aufgabe, ihre Pollen zu verteilen. Man nennt sie anemogame Pflanzen.

Die anderen, die sogenannten entomogamen Pflanzen, sind ganz schöne Verführer! Sie locken die Insekten durch ihre kräftigen Farben und vor allem ihren betörenden Duft an. Ihre Pollen sind klebrig, damit sie besser am Körper der Insekten haften bleiben, die zum Naschen kommen. Als echte Feinschmecker fliegen diese Insekten von einer Blüte zur nächsten, tragen den Pollen weiter und sorgen unwissentlich dafür, dass es zur Befruchtung kommt.

Aber nicht nur Insekten lassen sich von diesen Düften anlocken … Seit vielen tausend Jahren versuchen die Menschen, diese berauschenden Düfte nachzuahmen, um sich damit zu besprühen und so die Gunst ihrer Artgenossen oder der Götter zu gewinnen!

Was soll ich mir unter dem Unendlichen vorstellen?

Unendlich, was für ein seltsamer Begriff: Ohne Ende wie eine lange Schlange, und niemand kann ihm eine Grenze setzen.

Das Unendliche kann man sich wirklich nur schwer vorstellen, wo doch alles um uns herum Grenzen hat: Unser Haus hat zwei Stockwerke, der Garten reicht von der großen Eiche bis zum Nachbarzaun, der Weg von zu Hause bis zur Schule dauert fünf Minuten.

Bei allem, was sich über uns am Himmel abspielt, ist das hingegen komplizierter. Was befindet sich hinter den Milliarden Galaxien, von deren Existenz wir wissen? Wo hört der Weltraum auf, also wie weit reicht das Universum über unsere Erde hinaus? Endet es irgendwo?

Seit vielen Jahrhunderten bauen die Wissenschaftler immer stärkere und perfektere Fernrohre, um immer weiter sehen zu können. Aber Pech gehabt! Der Weltraum ist so riesig, dass man noch immer nicht weiß, bis wohin er reicht und ob er irgendwo aufhört. Man hat also einfach beschlossen, das, was man für grenzenlos hält, als unendlich zu bezeichnen.

Vielleicht wird man eines Tages entdecken, wo der Weltraum beginnt und wo er endet, und wird dann möglicherweise wissen, dass es nichts Unendliches gibt. Noch bewahrt er jedoch seine unendlichen Entfernungen!

sehr, sehr, sehr weit
noch weiter
sehr weit
WEIT

Warum fallen Kindern die Zähne aus?

Delfine kommen bereits mit allen Zähnen zur Welt. Da sie aber sehr viele Zähne haben (260), ist es kein Problem, wenn einige davon ausfallen. Schlangen und Krokodile können im Laufe ihres Lebens bis zu 25 Mal neue Zähne bekommen!

Wir Menschen haben verschiedene Zahnsorten, die besonderen Funktionen angepasst sind und nacheinander in zwei Serien wachsen: zuerst die Milchzähne, dann die bleibenden Zähne.

Beim Embryo bilden sich im Kiefer ab dem zweiten Schwangerschaftsmonat diese beiden Zahnsorten. Die Zahnwurzeln werden länger, bis die ersten Zähne etwa sechs Monate nach der Geburt sichtbar werden. Das ist auch der Zeitpunkt, ab dem das Verdauungssystem des Kindes bereit ist, zusätzlich zur Muttermilch feste Nahrung zu verarbeiten. Daher kommt der Name Milchzähne.

Da der Kiefer seine endgültige Größe aber erst mit etwa 15 Jahren erreicht, können in dem kleinen Kindermund unmöglich alle Zähne bereits wachsen.

Wenn die ersten bleibenden Backenzähne durchtreten, dauert es nicht mehr lange, bis das Mäuslein herausspitzt. Die Milchzähne fallen aus, um den bleibenden Zähnen Platz zu machen. Mit etwa 15 Jahren hat man dann alle Zähne, ausgenommen der Weisheitszähne, die sehr viel später, manchmal aber auch gar nicht wachsen.

Warum sind Hexen in den Märchen immer böse?

Mit Hakennase, langen Fingernägeln, behaartem Kinn und struppigen Haaren sagen Hexen in den Märchen die Zukunft voraus, verführen Kinder dazu, an ihrem Knusperhäuschen zu knabbern, und verwandeln Prinzen in Frösche.

Sie spielen ihre Rolle gut: jagen in Büchern Angst ein, damit man sich im echten Leben weniger zu fürchten braucht.

Anscheinend kann man beim Lesen von Schauergeschichten auch schauerliche Gedanken abreagieren und loswerden. Die Hexen übernehmen die Rolle der schlechten Seiten von uns selbst oder anderen.

Manchmal möchte man beispielsweise seine kleine Schwester oder die schimpfende und strafende Mama ganz gerne loswerden. Da ist es doch praktisch, wenn die Hexe an unserer Stelle den Kessel aufstellt, um die kleine Schwester zu kochen!

Außerdem sind Hexen böse, damit das Gute siegen kann. Da sich der Leser normalerweise mit dem großzügigen Helden oder der nur Gutes vollbringenden Superheldin des Buches verbündet und eher die Nachbarin die böse Hexe ist, machen uns letztendlich die bösen Hexen zu guten Menschen.

Und wenn doch einmal die Hexe gut ist, kehren sich die Rollen um. Sie wird zur Heldin, und wir erkennen uns problemlos in dieser charmanten kleinen Zauberin wieder!

Warum fürchten sich manche Menschen davor, unter einer Leiter durchzugehen?

Während wir meist nicht unter einer aufgestellten Leiter durchgehen, weil wir fürchten, uns könnte ein Farbtopf oder irgendetwas anderes auf den Kopf fallen, gibt es auch Menschen, die glauben, es bringe Unglück, unter einer Leiter durchzugehen.

Wenn sie das heilige Dreieck durchschreiten, das von Leiter, Wand und Boden gebildet wird, fürchten sie, die magische Zahl Drei zu stören, die das Dreieck versinnbildlicht. In vielen Kulturen bedeutet die Zahl Drei unzerstörbare Vollkommenheit. Eine solche Ansicht nennt man Aberglauben.

Das Wort Aberglaube gibt es seit dem Mittelalter. Man tadelte damit Gedanken, die nicht dem christlichen Glauben entsprachen.

Einer schwarzen Katze über den Weg laufen, 13 bei Tisch sein oder ein Salzfass umwerfen, auf Holz klopfen, ein vierblättriges Kleeblatt finden, an einem Freitag, den 13., Lotto spielen: Wer auf so etwas achtet, glaubt, dass Handlungen, Farben, Tiere, Tage oder Gegenstände Glück oder Unglück bringen und dadurch den Lauf der Welt ändern könnten.

So schreibt man diesen Dingen magische Kräfte zu, die sie gar nicht haben … oder etwa doch?

Wie kann man weiterleben, wenn jemand gestorben ist, den man sehr lieb hatte?

Man kann nicht verhindern, dass Menschen sterben, die man sehr lieb hat. Aber wie sehr ihr jemanden auch liebt, wie schmerzhaft sein Verlust und wie unendlich eure Trauer auch sind, es ist er, der aufhört zu leben, nicht ihr selbst.

Unsere gesamte Geschichte besteht aus Menschen, die eines Tages gestorben sind. Trotzdem gehören sie noch zu unseren Familien, zu unserem Leben oder unserer Kultur und tragen zu dem bei, was wir sind und werden.

Bis zum letzten Moment weiß niemand, wann sein Leben enden wird. Und es weiß auch niemand wirklich, was nach dem Tod kommt.

Weil der Tod ein großer Unbekannter ist, macht er uns so viel Angst. Wir können uns aber gegenseitig helfen, diese Angst zu überwinden, indem wir unser Leben sinnvoll gestalten. Indem wir uns zusammentun, miteinander sprechen, uns lieben und helfen.

Der Tod eines geliebten Menschen bringt uns also nicht um. Im Gegenteil, er sollte unseren Lebenswillen stärken, damit der Verstorbene in unserer Erinnerung weiterleben kann.

Warum waren die Urmenschen stärker behaart als wir heute?

Sie waren noch nackt, lebten ohne Behausung und ohne Feuer, daher waren die Haare als Schutz vor der Kälte sehr wichtig. Nun leben wir aber schon seit langem im Warmen, und unser hübscher Pelz ist im Laufe der Entwicklungsgeschichte verschwunden. Warum sind uns aber noch immer über 100 Millionen Haare auf unserem Körper geblieben?

Die Haare auf unserem Körper bilden bei unserer Geburt einen leichten Flaum. In der Pubertät werden sie dichter und dunkler. Die Schnelligkeit ihres Wachsens und ihre Lebensdauer sind von unserem Alter, unserem Geschlecht und den verschiedenen Körperpartien abhängig.

Die Haarwurzel ist mit einer Talgdrüse verbunden. Dieses kleine Säckchen sondert eine fettige Substanz ab (das Sebum), die dazu dient, die Haut geschmeidig und undurchlässig zu machen, Bakterien am Eindringen zu hindern und die Körpertemperatur stabil zu halten. Ein ganz schönes Arbeitsprogramm!

Sag so was nicht, da bekomme ich eine Gänsehaut! – Den Satz kennt ihr vielleicht? Durch Kälte, Angst, Wut oder eine andere starke Empfindung zieht sich der kleine Muskel des Haars zusammen, es schaudert uns, oder wir bekommen eine Gänsehaut.

Vor einigen Millionen Jahren, als wir noch vollständig behaart waren, sorgten unsere Haare, wenn sie sich in dieser Art aufrichteten, dafür, Feinde einzuschüchtern. Wusstet ihr übrigens, dass auch die Stacheln eines Igels Haare sind?

Ich sollte wohl mal zur Kosmetikerin gehen!
Pffffff

Warum arbeiten Eltern immer?

Morgens um acht Uhr aus dem Haus und abends oft erst nach 19 Uhr wieder daheim, und das fünf Tage pro Woche ... wie schön wäre es doch, wenn Eltern immer Urlaub hätten!

Was soll das, immer arbeiten und keine Zeit haben für die Kinder? Das ist doch kein Leben, selbst wenn man seine Arbeit liebt!

Schon richtig, aber meistens geht es einfach nicht anders. Arbeit bedeutet Lohn, und Lohn bedeutet Geld und kaufen zu können, was man braucht, um zu essen, medizinisch versorgt zu sein, zu wohnen, etwas zu unternehmen, zu reisen, Kinder großzuziehen, sie in die Schule zu schicken, damit sie auch einen Beruf erlernen und arbeiten gehen können ... unser Wirtschaftssystem ist einfach so.

Zur Zeit unserer frühen Vorfahren vor 30 000 Jahren genügten zwei Tage Jagd oder Beerensammeln pro Woche, um die ganze Sippe zu ernähren. Selbst wenn die Arbeitszeit heute verkürzt wird, kann man das Rad nicht wieder zurückdrehen und ausschließlich von der Jagd und dem Beerensammeln leben.

Nur für die Arbeit zu leben und mit Akten nach Hause zu kommen, die noch bearbeitet werden müssen, kann aber auch nicht die richtige Lösung sein. Es müsste doch möglich sein, Arbeitszeit und Freizeit so einzurichten, dass man auch in aller Ruhe Schmetterlinge fangen und Pilze sammeln kann ... natürlich gemeinsam mit den Kindern.

Woher weiß man, welchen Beruf man einmal wählen soll?

Früher stellte sich die Frage nach dem späteren Beruf nicht. Man folgte der Familientradition. Der Sohn eines Bauern wurde Bauer. Und in den reicheren Familien übernahm der älteste Sohn das Land, der zweite zog in den Krieg und der dritte wurde der Kirche anvertraut.

Die Mädchen wurden ungefragt mit dem Sohn einer Familie gleichen Standes verheiratet. Von einigen sehr wenigen Ausnahmen abgesehen, war es äußerst schwierig, dem vorgezeichneten Schicksal zu entkommen.

Heute ist das alles anders. Es gibt so viele Studienfächer und verschiedene Berufe, dass die Wahl schwer fällt und viele Hindernisse zu überwinden sind.

Einige haben das Glück, eine Berufung zu spüren, eine so große Leidenschaft für einen Beruf, dass sie Berge versetzen würden, um ihr Ziel zu erreichen. Andere haben vielleicht während ihres Studiums oder irgendwann im Leben eine entscheidende Begegnung. Bei den meisten jedoch spielt der Zufall eine große Rolle.

Neugier ist kein Nachteil, wenn es um die eigene Zukunft geht. Je mehr Fragen ihr den Leuten über ihren Beruf stellt, desto mehr Ideen werdet ihr für eure Zukunft haben.

Es gibt kein Patentrezept, um herauszufinden, welchen Beruf man ausüben möchte. Eins aber ist gewiss: Je besser die Schulnoten, desto größer die Auswahlmöglichkeiten.

Warum ähneln wir den Affen?

Affe oder nicht?
Reicht es, dass ein Mensch ein paar Grimassen schneidet, um mit einem kleinen Affen verglichen zu werden? Diese Frage beschäftigt die Wissenschaftler seit 150 Jahren, das heißt, seit man die ersten menschlichen Versteinerungen entdeckte, die mehrere Millionen Jahre alt waren. Sollten wir denselben Ursprung wie die Schimpansen haben? Irgendwelche verwandtschaftlichen Bande?

Es stimmt schon, dass zwischen ihnen und uns bestimmte beunruhigende Ähnlichkeiten bestehen: Die großen Affen gehen aufrecht wie wir, benutzen ihre beiden Hände, verstehen es, Werkzeuge herzustellen und sich neuen Situationen anzupassen.

Wir hingegen sind absolut unfähig, von Liane zu Liane zu springen!

Was uns äußerlich unterscheidet, ist sicher die Gesichtsform, das Fell, die Art, wie wir uns aufrecht halten, aber auch das Verhalten gegenüber anderen Mitgliedern der Gruppe. Die Affen verständigen sich durch Zeichen und verschiedene Grunzlaute. Der Mensch spricht, er verfügt über eine artikulierte Sprache.

Der Hauptunterschied jedoch ist wesentlich: Der Mensch hat ein Bewusstsein. Wenn er etwas tut, weiß er, was er tut und warum er es tut. Der Mensch kann denken, nachdenken, sich erinnern, etwas vorhersehen. Und vor allem weiß der Mensch, dass er sterben wird! Also, wenn der Mensch nur ein entwickelter Affe wäre … Was wäre das für eine Entwicklung!

Warum gibt es Leben auf der Erde?

Als sich die Erde
vor 4,6 Milliarden Jahren bildete, war sie lediglich eine große rote Kugel aus geschmolzenem Fels. Sie benötigte einige Millionen Jahre, um abzukühlen und eine wolkige Hülle um sich entstehen zu lassen: die Atmosphäre.

Die Atmosphäre
bildet eine Schutzschicht und verhindert, dass die Erde tagsüber wegen der Hitze der Sonne verbrennt oder nachts gefriert. In der Atmosphäre entstehen zudem alle Wetterphänomene. So begann es eine Milliarde Jahre nach der Bildung der Erde unaufhörlich zu regnen, und die ersten Weltmeere entstanden.

Dank dieses Wassers
und seines Sauerstoffanteils konnten mikroskopisch kleine Bakterien entstehen, die sich zu unzähligen lebenden Arten entwickelten. Die Erde ist der einzige Planet unseres Sonnensystems, der zu 70 Prozent von Wasser bedeckt ist.

Die Astronomen
haben Spuren ausgetrockneter Wasserläufe auf dem Mars und den Eismantel des Uranus entdeckt, nirgends jedoch eine Wassermenge, die ausreicht, um Leben zu ermöglichen.

Aber wer weiß,
vielleicht werden wir eines Tages viel weiter entfernt im Universum neue Nachbarn entdecken?

Warum gibt es Reiche und Arme?

Jeder kann feststellen:
Es gibt reiche Länder und arme Länder und in diesen Ländern reiche Menschen und arme Menschen. Aber ist dieser Unterschied so alt wie die Menschheit?

Manche behaupten, alles habe in dem Moment angefangen, als ein Mensch ein Stückchen Land einzäunte und erklärte: Meins! Danach führte der Wunsch nach immer mehr Besitz zur ungleichen Verteilung der Reichtümer.

Schließlich kam es so weit, dass die Grundrechte jedes Menschen – Essen, Wohnung, Arbeit, medizinische Versorgung und Bildung – nicht mehr allen Menschen zugestanden wurden. Viele haben nicht genügend zu essen, sind obdachlos, ohne Arbeit, ohne Medikamente und können nicht zur Schule gehen.

Die Geschichte zeigt uns, wie einige Länder andere Länder ausbeuten, um sich zu bereichern, ohne sich darum zu kümmern, was aus den Menschen dort wird. Das geschieht häufig, um neues Land zu erobern oder um Bodenschätze zu nutzen, die im eigenen Land nicht vorhanden sind.

Für die Armut gibt es viele verschiedene Ursachen, niemand kann es aber richtig finden, dass die Armen immer arm bleiben und die Reichen immer reicher werden. Jedes Land muss für eine gerechtere Verteilung der Reichtümer unter allen Einwohnern sorgen. Die reichen Länder sollten die Entwicklung in den armen Ländern fördern. Das nennt man Solidarität!

Warum haben Oma und Opa weiße Haare?

Genauso wie die Hautfarbe hängt auch die Haarfarbe von der Menge an braunem Farbstoff ab, dem Melanin, das von verschiedenen Zellen produziert wird, um uns vor den schädlichen Strahlen der Sonne zu schützen.

Je mehr Melanin unsere Zellen enthalten, desto dunkler sind unsere Haare. Die Farbpalette ist also groß und reicht mit allen denkbaren Zwischentönen von Schwarz bis Blassgelb.

Mit zunehmendem Alter, häufig so um die 40 Jahre, werden die Zellen etwas faul, und die Melaninproduktion nimmt ab. Die Haare verlieren allmählich ihre Farbe, sie werden weiß.

Es kann vorkommen, dass schon junge Menschen weiße Haare bekommen. Meistens gibt es keinen besonderen Grund dafür, sondern der Körper hat einfach so die Melaninproduktion eingestellt. Ganz selten kommt es auch vor, dass Menschen plötzlich ergrauen, wenn sie etwas sehr Schlimmes erlebt haben (zum Beispiel den Tod eines geliebten Menschen).

Wurden die Menschen tatsächlich von Gott erschaffen?

Seit Millionen Jahren fragen sich die Menschen, woher sie kommen. Wem oder was verdanken sie ihre Existenz? Ihren Eltern! Und die Eltern? Auch wieder ihren Eltern! Und immer so weiter …

Aber es nützt wenig, bis in die Zeiten des ersten Menschen zurückzugehen, die Frage bleibt immer dieselbe: Woher kam dieser erste Mensch?

Eine Zeit lang hoffte man, wenn man erst entdeckt hätte, woher die verschiedenen Lebewesen auf der Erde kommen, wäre endlich auch die Herkunft des ersten Menschen geklärt.

Heute weiß man, dass es nie *den* ersten Menschen gegeben hat, sondern viele erste Menschen, die aus ein und derselben Art hervorgegangen sind, den sogenannten Primaten. Dazu war eine lange Entwicklung der Lebewesen nötig: von den Fischen über Amphibien und Reptilien bis zu den Vögeln und Säugetieren.

Aber was geschieht bei der Weiterentwicklung einer Art zur nächsthöheren? Diese Frage beschäftigt die Forscher noch immer. Ihre Theorien, ihre Erfahrungen und Beobachtungen werden aber niemals die Frage beantworten können, ob Gott die Menschen erschaffen hat oder nicht.

Zahlreiche Überlieferungen in sehr unterschiedlichen Kulturen und Religionen erzählen, Gott habe die Menschen erschaffen. Das geschieht aber nicht, um den Wissenschaftlern Konkurrenz zu machen oder an ihrer Stelle zu antworten.

Eigentlich stellen sich beide nämlich gar nicht dieselbe Frage. Die Wissenschaftler fragen, woher der Mensch kommt. Die Autoren religiöser Texte fragen, warum die Dinge und insbesondere der Mensch existieren. Die Autoren der Bibel beispielsweise gingen davon aus, alles Existierende sei von Gott erschaffen.

puuuuuh!
wieder nichts!
Mensch

In welchem Alter verliebt man sich?

Diese Frage lässt sich kaum beantworten, denn es gibt kein bestimmtes Alter, ab dem man sich verlieben kann. Liebe zu empfinden gehört zur Natur des Menschen und beginnt gleich bei der Geburt.

Aber wie kann man unterscheiden zwischen Verliebtheit, tiefer Freundschaft oder dem Gefühl, wenn man jemanden bewundert? Das ist eine Frage der Zeit, des Nachdenkens und der Erfahrung.

Mit einem anderen Menschen eins werden zu wollen, wie die Babys im Bauch ihrer Mama, heißt Liebe mit Selbstaufgabe zu verwechseln. Der einzige Mensch im Leben eines anderen sein zu wollen, heißt vergessen, dass in der Liebe wie in der Freundschaft Achtung, Vertrauen und Freiheit wichtig sind. Schön und gut, aber was bedeutet das? Das bedeutet: Es gibt heftige Verliebtheit, aber die wahre Liebe muss wachsen.

Es ist unwahrscheinlich, dass man erwachsen wird, ohne mindestens einmal Liebeskummer gehabt zu haben. Man darf aber nicht vergessen, dass der Liebeskummer der jungen Jahre später verblasst und nur noch eine Station auf dem Weg zum Erwachsenwerden ist.

Und wo auch immer uns die Liebe in irgendeiner Form erwischt, sie ist es, die dem Leben Sinn gibt, egal wie alt man ist.

Warum verbrenne ich mich am Feuer?

Unserem ganz entfernten Vorfahren vor 500 000 Jahren, dem *Homo erectus*, verdanken wir die Entdeckung des Feuers. Oder besser gesagt die Entdeckung der Art, wie man es entfacht und unter Kontrolle hält, denn Feuer gibt es schon länger als uns Menschen. Aber was ist Feuer?

Beim Feuer entsteht zugleich Licht, Hitze und eine Flamme und zwar durch ein Material, das dabei vernichtet wird. Das kann Holz sein, Kohle oder Gas, genauso gut aber auch eine Decke, ein Buch oder unsere Hand.

Das Feuer ist ein Vielfraß, der auf seinem Weg alles verschlingen möchte. Man kann mit dem Finger ganz schnell durch die Flamme eines Streichholzes fahren, ohne etwas zu spüren, aber ließe man den Finger auch nur eine Sekunde in der Flamme, würde man sich verbrennen. Unsere Haut ist nur bis zu einem gewissen Grad hitzebeständig.

Jahr für Jahr erleiden einige hunderttausend Menschen mehr oder weniger schwere Verbrennungen. Häufig passiert das durch starke Hitzequellen: überkochende Milch, ein vergessenes Bügeleisen oder zu langes Sonnenbaden. Unabhängig davon, wie schwer sie ist, ist eine Verbrennung immer ernst zu nehmen und muss behandelt werden.

Die Beherrschung des Feuers war für die Entwicklung des Menschen sehr wichtig, es bringt aber nichts, sich als kleiner Vulkan oder anderer Feuergott aufzuspielen, das ist äußerst gefährlich!

Warum sind die Planeten rund?

Und warum haben Sterne nicht wirklich eine Sternform und die Planeten nicht die Form von Würfeln oder spitzen Hüten?

Weil sich im Weltraum alles um die Gravitation dreht, diese Kraft, die dafür sorgt, dass sich alle Körper gegenseitig anziehen.

Die Kugelform erlaubt es allen Teilen, möglichst nah beieinander zu sein. In einem Würfel wären die Ecken benachteiligt, weil sie weiter vom Mittelpunkt entfernt sind.

Es geschieht also von selbst, dass sich Körper, wenn sie sich einander nähern, zur Kugel formen. Wie die Menschen sich auch ganz von selbst im Kreis um jemanden aufstellen, um ihn besser sehen und verstehen zu können.

Warum müssen wir sterben?

In der Natur zersetzt sich alles, altert und verschwindet. Was lebt, das stirbt. Da können uns die Wissenschaftler gerne erzählen, dass man die Zellalterung bald wird verlangsamen können, das nützt alles nichts, eines Tages werden wir sterben. Aber warum müssen wir sterben? Ist Sterben nicht sinnlos?

Was soll es bringen? Eines ist klar: Wenn seit sieben Millionen Jahren alle Menschen am Leben geblieben wären, gäbe es auf der Erde nicht mehr genug Platz. Man kann den Tod aber nicht nur mit der Platzfrage erklären, vielleicht kann man ihn gar nicht erklären.

Auch wenn man letztendlich nicht weiß, wozu das Sterben wirklich gut ist, kann man doch versuchen, sich mit dem Tod vertraut zu machen.

Viele Kulturen und Religionen sagen, der Tod habe nicht das letzte Wort. Auch wenn der Körper des Verstorbenen verschwindet, lebt seine Seele weiter oder kann sich reinkarnieren, das heißt in einem anderen Körper wiederkommen, um ein neues Leben zu leben: Das glauben die Hindus.

In Afrika herrscht der Glaube, dass die Toten es den Lebenden ermöglichen, mit der Welt des Jenseits in Verbindung zu treten.

In anderen Religionen ist der Tod nur eine Stufe, ein notwendiger Übergang, um mit der göttlichen Welt in Verbindung zu treten.

Warum sehen wir nicht alle gleich aus?

Dunkle Haut, helle Haut, schmale oder runde, grüne, blaue oder braune Augen – die einzelnen Menschen gleichen sich nicht wirklich, nicht einmal die Zwillinge. Und genau dafür interessiert sich die Genetik, die Wissenschaft von den Genen: Sie will entdecken, wodurch jeder auf seine Art einzigartig wird.

Unsere Gene enthalten die Erbinformationen im Inneren unserer Zellen, die unseren Körper bilden. Die Gesamtheit dieser Informationen in den Genen jedes Menschen ähnelt einem kleinen Buch, in dem das Rezept für seine und nur für seine Herstellung aufgeschrieben ist. Man nennt es seine genetische Visitenkarte.

Das Klima, die Ernährung, der geografische Raum, in dem wir wohnen, können unser Aussehen zwar beeinflussen – Menschen in sehr kalten Ländern sehen anders aus als Menschen in sehr heißen Ländern –, es gibt aber keine besonderen asiatischen, afrikanischen, europäischen, indischen oder ozeanischen Gene.

Die gesamte menschliche Art ist mit denselben Genen ausgestattet. Je nach der Menschengruppe, zu der man zählt, werden jedoch einige Besonderheiten vererbt.

Was für ein Glück also, dass wir uns ähneln, aber doch unverwechselbar sind! Nur leblose Gegenstände können identisch sein.

Ein Albtraum!!!
Ein Albtraum!!!
Ein Albtraum!!!
Ein Albtraum!!!
Ein Albtraum!!!
Ein Albtraum!!!
Ein Albtraum!!!
Ein Albtraum!!!

Warum sind die Tomaten rot?

Weil sie schön reif sind, ganz einfach! Klar, aber warum seht ihr die Tomaten rot? Das ist nicht so einfach …

Die Farbe eines Gegenstandes hängt tatsächlich von drei Dingen ab: von der Art des Gegenstandes, vom Licht, das ihn beleuchtet, und von eurem Auge, mit dem ihr ihn anschaut.

Ein kleines Experiment: Was passiert, wenn ihr eine Tomate weißem Licht, also Sonnenlicht aussetzt, das sieben Hauptfarben enthält: Rot, Orange, Gelb, Grün, Blau, Indigo und Violett? So wie ein Schwamm einen Wassertropfen aufsaugen würde, absorbiert die Tomate alle Farben außer dem Rot. Man sagt dazu, dass sie das Rot des weißen Lichts abweist, und deshalb seht ihr die Tomate rot.

Nun beleuchtet die Tomate mit grünem Licht. Was passiert? Ihr habt den Eindruck, die Tomate sei schwarz. Warum? Da das grüne Licht, das die Tomate bescheint, kein Rot enthält, wirft die Tomate keine Farbe zurück. Wo Farbe fehlt, sieht man Schwarz.

Warum wollen die Kleinen den Großen immer alles nachmachen?

Es stimmt schon, dass die älteren Kinder genervt sind, wenn sie sehen, dass die jüngeren Kinder ihnen immer alles nachmachen wollen. Nur dass die älteren Kinder, ohne es zu merken, auch wieder die noch Größeren nachahmen: ihre Eltern, echte oder falsche Helden, Stars aus dem Kino oder dem Sport.

Aber warum möchte man es immer so machen wie jemand anders? Psychologen erklären uns heute, dass jüngere Kinder Vorbilder brauchen, an denen sie ihr Verhalten orientieren können.

Durch Nachahmen der Älteren lernen sie, was gut und was schlecht, gefährlich oder ungefährlich ist.

Wenn die Kinder größer sind, befolgen sie häufig diese erlernten Sachen, passen sie der eigenen Person an oder werfen sie auch mal über Bord, um es anders zu machen.

Bis es aber so weit ist, bleiben die Kleinen den Großen dicht auf den Fersen, das ist einfach so aufregend!

Warum haben wir nicht alle dieselbe Hautfarbe?

Für die Fachleute haben wir alle dieselbe Hautfarbe! Denn unter dem Mikroskop betrachtet, enthält jeder Hauttyp Zellen, die mit demselben braunen Farbstoff gefüllt sind, dem Melanin, einem Stoff, der uns vor den schädlichen Strahlen der Sonne schützen soll. Je kräftiger die Sonne scheint, desto aktiver wird das Melanin.

Vor einigen Millionen Jahren lebten die ersten Menschen in Afrika, wo die Sonne sehr intensiv scheint. Ihre Haut war sehr dunkel, weil sie sich dem Klima gut angepasst hatte.

Als verschiedene Völker sich aufmachten, um neue Länder auf Kontinenten mit weniger Sonnenschein zu erobern, hatten sie nicht mehr diesen intensiven Schutz nötig, und ihre Haut wurde mit der Zeit heller.

In jeder Haut ist also derselbe Farbstoff vorhanden, die Menge schwankt aber je nachdem, in welcher Volksgruppe wir unsere Wurzeln haben, man nennt das unseren ethnischen Ursprung.

Hellhäutige Menschen lieben es, sich von der Sonne bräunen zu lassen, aber Vorsicht, das ist gefährlich! Zwar hat die Natur uns mit diesem natürlichen Schutz ausgestattet, Melanin kann Sonnenbrand aber nicht verhindern, und unser bester Schutz kommt noch immer aus der Flasche: Sonnenmilch!

Schokolade Vanille Vanille-Erdbeere

Warum gibt es Tag und Nacht?

Macht doch einmal selbst einen kleinen Versuch: Geht mit einem Ball in ein dunkles Zimmer. Platziert den Ball auf dem Boden vor einer leuchtenden Taschenlampe. Dreht nun den Ball und beobachtet! Es ist immer der Teil des Balls hell, der von der Lampe beschienen wird, der andere nicht.

Genauso ist es mit unseren Tagen und Nächten. Die Lampe ist die Sonne, eine Art riesiger Scheinwerfer, der nie ausgeht, der Ball ist die Erde.

Sie dreht sich mit einer Geschwindigkeit von 1600 Kilometern pro Stunde innerhalb von 24 Stunden um ihre eigene Achse, von West nach Ost. Jedes Mal, wenn ein Teil der Erde vor der Sonne vorbeizieht, ist dort Tag und auf der restlichen Erde Nacht.

Es ist also nicht so, dass die Sonne auf- und untergeht, sondern wir wenden ihr mal den Rücken und mal die Vorderseite zu.

Warum lernt man in der Schule Sachen, die zu nichts nütze sind?

Es ist gar nicht so leicht zu entscheiden, was nützlich ist und was nicht! Heute mag es euch sinnlos erscheinen, das eine oder andere zu lernen, aber woher wollt ihr wissen, ob ihr es in fünf Jahren nicht vielleicht sehr gut brauchen könnt? Was nützt uns wirklich? Lesen und Rechnen? Da sind wir uns einig, oder?

In der Schule lernen wir das Grundwissen über die Erde, die Menschen und die Techniken, die sie erfunden haben. Später können wir auf der Basis dieses Grundwissens und je nach unseren Interessen einen Beruf auswählen.

Manche Fächer werden uns weniger nützlich sein als andere, in jedem Fall aber haben sie den Vorteil, uns neugierig zu machen, unseren Horizont zu erweitern. Manchmal werden sie uns auch zu guten Lernmethoden verhelfen, werden uns zeigen, wie wir ein Problem lösen, uns an eine neue Situation anpassen können, oder sie werden unser Interesse für Kunst wecken.

Wir hätten es ganz schön schwer, wenn wir dieses viele Gepäck für unsere Reise durchs Leben allein entdecken müssten. Wir brauchen Lehrer, um etwas zu verstehen, zu behalten, uns erklären zu lassen. Dank dieses Wissens können wir miteinander sprechen, gemeinsam überlegen, erfinden, in einer Gemeinschaft leben.

Mit einem Wort: Dieses Wissen lässt uns ein wenig über unseren Tellerrand hinaussehen!

Aber ja, natürlich!
Schließlich wird alles klar ...
Die Erde, die Menschheit, die Technik ...

Warum verschließen wir unsere Türen?

Ein kleines Fenster und eine Tür, zur Sonne hin … Früher in den Dörfern hatten die Häuser nur wenige Öffnungen, zum einen wegen der Kälte und Diebe, zum anderen, weil sich die Abgabe, die man zahlen musste, nach der Anzahl der Türen und Fenster der Behausung errechnete. Oft war die Tür zweigeteilt. Man öffnete nur die obere Hälfte, um Licht hereinzulassen.

Aber warum schließen wir unsere Türen? Ein abgeschlossener Raum ist vertraulicher, man kann sich zurückziehen. Man schließt seine Tür, um sein kleines Reich zu schützen. Auf diese Weise bedeutet man Unwettern, Dieben, Unbekannten oder Neugierigen, dass sie weiterziehen sollen!

In einigen heißen und feuchten Gebieten, wie bei den Amazonas-Indianern, gibt es Häuser ohne Türen. Sie werden aus Holzpfählen errichtet, auf denen sich ein geflochtenes Palmendach befindet. Hier ist der Luftzug willkommen. Und wer seine Ruhe haben möchte, zieht sich in seine Hängematte zurück.

Warum erzählt man Kindern unwahre Geschichten?

Wie denn – Kürbisse, die sich in Kutschen verwandeln, Zauberstab und reizende Prinzen, das soll alles nicht wahr sein? Das sollen nur Geschichten sein, die Kindern beim Einschlafen helfen?

Ja tatsächlich! Vergebens zittert man mit der Heldin und weint mit dem Helden, heuert auf Piratenschiffen an oder erobert einen fremden Planeten. Die Personen all dieser Geschichten entspringen nur der Fantasie dessen, der sie geschrieben hat.

Eine Fantasiegeschichte wird niemals wahr. Man nennt sie fiktiv. Sie entspricht nicht der Wirklichkeit, weil die Personen nicht wie du und ich im alltäglichen Leben existieren. Keine Geschichte ist wahr, sie kann der Wirklichkeit nur mehr oder weniger ähnlich sein.

Aber stellen wir uns einmal vor, ab morgen würden alle Helden, Monster oder Prinzessinnen tatsächlich existieren! Wovon könnten wir dann noch träumen? Was könnten wir erfinden?

Also ist es doch besser, dass noch niemand die Figuren aus den Geschichten tatsächlich im Wald oder auf der Straße getroffen hat!

Warum merken Eltern eigentlich immer, wenn man etwas angestellt hat?

Vielleicht haben eure Eltern ein drittes Auge, eine Art unsichtbare Kamera, die alles überwachen kann, was ihr tut, wenn sie nicht da sind? Aber nein! Wie kommt es dann aber, dass sie immer alles wissen? Sie halten die Augen offen, das ist alles!

Es ist ja auch wirklich nicht schwer zu erraten, dass ihr den Nagellack benutzt habt, wenn der Teppich entsprechende Flecken aufweist. Es ist auch nicht schwer zu schlussfolgern, dass ihr im Stroh gespielt habt, wenn dieses abends beim Ausziehen aus euren Schuhen quillt.

Und wenn ihr eure Eltern auffallend freundlich und diensteifrig empfangt, können sie gar nicht anders als vermuten, dass ihr etwas zu verbergen habt ... Je mehr sie sehen, wie ihr euch auf ihre Fragen hin windet, rot werdet und stottert oder unruhige Blicke umherwerft, desto sicherer sind sie, dass ihr etwas angestellt habt.

Quatsch also, das dritte Auge oder die unsichtbare Kamera, die Eltern sind vor allem sehr gute Beobachter. Aber wenn sie auch manches bemerken, alles wissen sie dann doch nicht!

Wenn ihr ihnen in einigen Jahren eure Kindheitserinnerungen erzählen werdet, könnt ihr sicher sein, dass sie einige Überraschungen erleben werden ...

Wozu ist Beten gut?

Gebete sind Worte,
die man an jemanden in einer
anderen Welt richtet.
Man kann zu Gott oder zu göttlichen
Wesen beten, zu Vorfahren oder
übernatürlichen Kräften, um mit ihnen
in Kontakt zu kommen.

Jede Religion hat ihre Riten
mit genau festgelegten Handlungen,
besonderen Gewändern und
heiligen Orten zum Beten: Tempel, Kirchen,
Pagoden, den Wald, Synagogen,
Moscheen. Es gibt auch manchmal
festgelegte Zeiten, zu denen
man betet. Nicht das Gebet selbst hat
Macht, sondern dessen Adressat.

Ein Gebet hat immer ein Ziel,
es verfolgt eine Absicht, egal ob man
für sich allein oder zusammen
mit anderen betet. Ähnlich wie ein
Telefonanruf verlangt es nach
einer Antwort. Und jeder hofft, dass
seine Bitte erhört wird.

Für das Beten gibt
es ganz unterschiedliche Gründe.
Man kann zum Beispiel beten,
weil man sich etwas Gutes wünscht
oder um ein Unglück abzuwenden,
um eine Prüfung zu bestehen,
von einer Krankheit geheilt zu werden,
Geld zu verdienen oder um sich
vor Feinden zu schützen.

Meist ist das Gebet aber
ein Zwiegespräch mit Gott, weil man
etwas im Leben ändern möchte.

Warum sprechen wir nicht alle dieselbe Sprache?

Fachleute unterscheiden zwischen Sprechen und Sprache. Sprechen beinhaltet alle Ausdrucksmittel – Töne, Gesten, Zeichen –, die uns Menschen die Verständigung untereinander ermöglichen. Sprache umfasst alle Wörter einer bestimmten Personengemeinschaft.

Deutsch, Chinesisch, Berbersprache, Englisch – wir sprechen nicht alle dieselbe Sprache. Man kann auch sagen, »wir sprechen mit verschiedenen Zungen«, weil wir verschiedenen Gemeinschaften angehören. Der Klang und die Struktur ähnlicher Worte beweisen jedoch, dass einige unterschiedliche Sprachen denselben Ursprung haben.

Die Sprachen haben sich im gegenseitigen Kontakt entwickelt. So gehören Deutsch, Spanisch, Englisch, Hindi und einige andere zur indo-germanischen Sprachfamilie. Es soll auf der Welt etwa hundert verschiedene Sprachfamilien geben.

Während das Sprechen angeboren ist, wird Sprache erlernt. Die Menschen träumen seit jeher, alle dieselbe Sprache zu sprechen. Daher hat man versucht, eine Sprache für alle zu entwickeln, aber ohne Erfolg. Eine Sprache ist nämlich etwas natürlich Gewachsenes und lässt sich nicht künstlich erfinden. Die englische Sprache wird heute allerdings im internationalen Austausch am häufigsten verwendet.

Und das gesprochene Wort? Man bedient sich zum Sprechen einer Sprache, sie ist ein Mittel, um das auszudrücken, was man sagen möchte. Niemand kann an meiner Stelle sprechen, und jeder darf das Wort ergreifen, egal in welcher Sprache.

Wozu steckt man Leute ins Gefängnis?

Wenn alles erlaubt wäre, würde man kein Rechtswesen brauchen. Jeder könnte tun, was ihm gefällt, ohne die Rechte der anderen zu achten. Die Stärksten würden sehr schnell die Schwächsten vernichten. Daher wird eine mit Absicht begangene Tat, bei der man eine schwere Schuld auf sich lädt, bestraft – Diebstahl, Vergewaltigung, Überfall oder Mord.

Eine mögliche Strafe ist der Freiheitsentzug. Wenn die Gesellschaft nach sorgfältiger Prüfung der Tat der Meinung ist, dass jemand das Leben, die Sicherheit und die Güter eines anderen in Gefahr gebracht hat, steckt sie ihn für eine bestimmte Zeit ins Gefängnis, je nachdem, wie schlimm die Tat war. Indem der Täter abgesondert wird, bestraft die Gesellschaft ihn, weil er die Gesetze nicht eingehalten hat, und schützt sich selbst zugleich vor ihm.

Die Gemeinschaft glaubt, dass ein Schaden, der anderen zugefügt wurde, wieder ausgeglichen werden kann, wenn dem Täter die Freiheit genommen wird zu gehen, zu kommen, zu handeln, mit anderen Menschen zusammenzukommen und seine Bürgerrechte wahrzunehmen. Wenn die Tat so schlimm war, dass es keine Wiedergutmachung geben kann, wird der Täter für immer eingesperrt. Das heißt lebenslänglich.

Warum haben wir Angst vor Spinnen?

Stets bereit, auf ihren acht pelzigen Füßen ihr Versteck zu verlassen ... Brrr! Ihr braucht euch nur vorzustellen, sie könnten euch mit ihren Giftzähnen beißen, während ihr schlaft, und schon schüttelt es euch!

Es stimmt schon, Spinnen genießen keinen sehr guten Ruf. Aber vielleicht muss man sie nur unvoreingenommen kennen lernen, um sich ein wenig mit ihnen anzufreunden.

Ja, Spinnen sind Fleischfresser, aber sie ernähren sich nicht von unserem Blut wie die Mücken, die sie uns sogar vom Hals halten. Sie verschlingen hauptsächlich Insekten.

Natürlich haben Spinnen Giftdrüsen und Zähne, um ihre Beute zu beißen, zu lähmen oder zu töten, aber wir wollen doch nicht übertreiben! Bedenkt einmal die Größe des Tierchens, dann erkennt ihr, wie lächerlich klein die Giftmenge ist. Abgesehen von einigen gefährlichen Arten, deren Bekanntschaft ihr nie machen werdet, weil sie in weit entfernten Ländern leben, ist ihr Biss nicht tödlich.

Das beruhigt euch noch nicht? Aber eine Spinne hat doch vor euch viel mehr Angst, als ihr je vor ihr haben könntet! Sie beißt euch nicht, im Gegenteil: Sobald sie merkt, dass ihr kein lebloser Stein seid und euch bewegt, flüchtet sie, so schnell sie kann.

blllllll

Warum sagt man, dass man in den Himmel kommt, wo man doch beerdigt wird?

Seit jeher haben sich die Menschen den Himmel als Wohnung der Götter vorgestellt, weil er sich oben befand, über ihnen, zusammen mit der kraftvollen Sonne, dem fürchterlichen Blitz und den Sternen, die als Orientierungspunkte dienten.

Andere Völker haben den Himmel mit einem Vater und die Erde mit einer Mutter verglichen. Während unsere Vorfahren Angst hatten, der Himmel könne ihnen auf den Kopf fallen, fürchteten sie sich vor der Erde manchmal wegen der unterirdischen Welt, die sie sich von bösartigen Wesen bevölkert vorstellten, die die Toten gefangen halten.

Wenn jemand stirbt, verlässt seine Seele die Erdenwelt, um in den Himmel aufzusteigen. So sagt es die christliche Religion. Das ist eigentlich ein Bild dafür, dass die Seele zu Gott aufsteigt.

Auch in den Religionen, in denen man aus Respekt vor Gott seinen Namen nicht aussprechen darf, verwendet man das Wort Himmel für Gott.

Dieser Ausdruck, »in den Himmel kommen«, ist im Sprachgebrauch geblieben. Aber niemand, der beerdigt wurde, wird anschließend in himmlischen Sphären wohnen.

Warum leiden manche Menschen bei der gleichen Verletzung mehr als andere?

An vorderster Stelle der Schmerzkontrolle steht das Gehirn.

Unter unserer Haut, in unseren Muskeln, Gelenken oder Eingeweiden befinden sich Rezeptoren (Sinnesmelder), die im Handumdrehen auf starke Hitze oder Kälte, auf einen zu starken Druck oder eine Verletzung reagieren und den Schmerz aus den entferntesten Körperteilen ins Rückenmark schicken – das Nervenzentrum, das mit einer Geschwindigkeit von 30 Metern pro Sekunde für den Informationsaustausch zwischen Gehirn und Körper zuständig ist. Bei einer Erkrankung wirken die Blutzellen und das Immunsystem auf diese Rezeptoren und rufen Schmerz hervor.

Dass aber manche sehr empfindlich und andere hartgesotten sind, hat weniger mit der Anzahl oder Qualität der Rezeptoren zu tun, sondern ist eher eine Sache des Gedächtnisses, also der Erinnerung an einen bereits erlittenen Schmerz, oder eine Frage von Erziehung, Stress oder Angst.

Es ist ganz normal, dass man nicht gerne zum Zahnarzt geht oder Schmutz ins Auge bekommt, denn dort sitzen die meisten Rezeptoren: einer pro Millimeter im Auge und in den Zähnen.

Kein Grund sich zu schämen, wenn es einem mal schlecht geht und man das auch zugibt. Oft ist es aber schwierig, die Stärke des Leidens auszudrücken. Darum haben die Ärzte eine Schmerzskala von null bis zehn eingerichtet. Sie können so den Schmerz besser einordnen, wollen uns aber sicher nicht miteinander vergleichen.

Warum träumt man?

Je weiter die Nacht voranschreitet, desto länger werden unsere Träume: zehn, zwanzig oder dreißig Minuten lang. Manchmal erinnert man sich daran, manchmal auch nicht. Es ist aber nicht so leicht herauszufinden, wozu Träume wirklich gut sind.

Manche glauben, dass Träume uns etwas sagen möchten und wir sie deuten können. Im Altertum glaubte man beispielsweise, Träume seien Botschaften der Götter. In Ägypten hatten Wahrsager die Aufgabe, die Träume des Pharaos zu deuten.

In Afrika, wie auch in anderen traditionellen Kulturen, sehen Heiler im Traum oft die Ursache der Krankheit der Menschen, die sie aufgesucht haben, und auch die Heilmittel, die helfen werden.

Andere behaupten, Träume seien etwas Ähnliches wie Farb- oder Schwarz-Weiß-Filme mit besonderer Kulisse. Angeblich drücken Träume auf andere Weise unsere Sorgen, Ängste und Wünsche des Tages aus.

Es gibt auch Menschen, die am Tag träumen und das gar nicht merken. Sie schauen dann abwesend vor sich hin, lächeln plötzlich und merken nicht einmal, wenn man sie anspricht, die Tagträumer.

Warum kaut man Nägel?

Auf diese Frage gibt es fast so viele Antworten wie Leute, die Nägel kauen. Wenn man bedenkt, dass in Deutschland durchschnittlich jedes dritte Schulkind diese schmerzhafte Angewohnheit hat, würde ein ganzes Buch nicht ausreichen, um alle Ursachen zu erklären.

Jeder hat also seine eigenen Gründe, aber es ist wichtig, sie herauszufinden, damit man mit dem Nägelkauen aufhören kann. Denn es wird wenig nützen, immer Handschuhe zu tragen oder sich die Nägel mit seltsam schmeckendem Lack einzupinseln, wenn die Ursache für das Übel nicht erkannt wird.

Verwandelt euch in Sherlock Holmes, Hercule Poirot oder einen anderen berühmten Detektiv und beobachtet genau, wo und wann es euch überkommt.

Passiert es zu Hause oder in der Schule? Wenn ihr allein seid oder mit anderen zusammen, und zwar mit wem? Macht ihr es aus Unruhe oder Langeweile?

Dadurch, dass ihr in eurem Kopf oder in einem kleinen Heft diese entscheidenden Momente festhaltet, wird die hässliche Angewohnheit vielleicht ganz von allein verschwinden. Denn wenn euer Unterbewusstsein ständig auf frischer Tat ertappt wird, wird es bald keine Lust mehr haben, eure Fingerspitzen zu verstümmeln.

Unterhalten sich Pflanzen miteinander?

Aber natürlich sprechen Pflanzen!
Habt ihr das noch nie vernommen?
Man hört sie leise flüstern in einem Graben,
am Ufer eines Flusses, im Sommerwind.
Aber im Ernst, woher sollen
wir wissen, ob sich die Pflanzen
Geschichten erzählen?

Einigen Wissenschaftlern
zufolge sprechen Pflanzen nicht
miteinander, sondern übermitteln sich
bestimmte Informationen, indem
sie bestimmte Gase ausstoßen.

Beispielsweise: Achtung!
Besonders gefräßige Weidetiere.
Dieses Gassignal, das eine Pflanze
aussendet, die gerade gefressen
wird, verbreitet sich sofort unter den
Pflanzen derselben Art. Sie reagieren
sofort und stellen sehr schlecht verdauliche
Stoffe her. Damit schrecken sie die
hungrigsten Mäuler ab!

Wenn es der Pflanzenfresser
bei vernünftigen Mengen belässt,
fühlt sich die Pflanze nicht in
Gefahr und sendet kein Verteidigungs-
signal aus.

Man vergisst häufig,
dass Pflanzen lebende Organismen sind …
Pflanzen können sehr gut ohne
uns leben, wir aber nicht ohne sie!
Ein Grund mehr, sie zu schützen!

bla bla bla
blabla blablabla blablabla blablabla
Darf ich jetzt mal was sagen???
blabla blabla blablabla blabla blabla
blabla blablabla blablabla blabla
blabla
bla bla
blabla blabla bla
blabla blabla blabla
blabla blabla bla

Warum können sich Hunde und Katzen nicht leiden?

Ist diese Meinung nicht einfach nur durch eine Zeichentrickserie entstanden? Eine Feindseligkeit, die der Mensch zwischen zwei Arten gesät hat, die sich im Grunde nichts vorzuwerfen haben?

Beide sind Jäger, in ihrem Verhalten aber unterschiedlich. Der eine wartet stundenlang, bis Maus oder Vogel sich in greifbarer Pfotennähe befinden. Der andere, Schnauze am Boden, folgt der Spur einer Beute, bis er sie gefangen hat.

In der Natur greifen sich Raubtiere untereinander nicht an, sie gehen sich aus dem Weg. Jeder hat sein Jagdrevier und seine Beute.

Auf unseren Bauernhöfen oder in unseren Häusern werden unsere vierbeinigen Begleiter gut gefüttert und gehen nur noch im Dienst des Menschen oder zum Spaß auf die Jagd. Kein Wunder also, wenn ein Hund hinter einer Katze herrennt, die vor ihm Reißaus nimmt.

Meistens jedoch können Hunde und Katzen gut miteinander auskommen, wenn sich niemand einmischt.

Wozu glauben wir an Gott?

Um zu wissen, wozu wir an Gott glauben, ob dieser Glaube etwas nützt, ob wir guten oder schlechten Gebrauch von ihm machen, müssen wir uns fragen, was es überhaupt bedeutet, an Gott zu glauben.

Man könnte ebenso gut an den Weihnachtsmann, an Gespenster oder Außerirdische glauben. Das würde uns ein Gefühl von Sicherheit oder Angst bescheren oder uns träumen lassen.

An Gott glauben bedeutet nicht, blind und ohne es zu hinterfragen alles zu glauben, was über Gott gesagt wird. Im Gegenteil, Glauben setzt immer voraus, dass man mit seiner Intelligenz und seinem Verstand nach der Wahrheit sucht, um zu verstehen, an was man glaubt.

An Gott glauben bedeutet vor allem, sich auf der Grundlage der wirklichen Welt, in der wir leben, mit der Frage zu beschäftigen, ob es Gott gibt und ob es stimmt, was über ihn erzählt wird.

Nützt es etwas, die Wahrheit darüber zu erfahren? Für einige Theologen (Theologie ist die Wissenschaft von Gott) bedeutet der Glaube an Gott, an das Leben zu glauben und an die Lebenskraft, die es uns ermöglicht zu wachsen. Für andere bedeutet es auch, an den Menschen zu glauben, weil er ein Abbild Gottes ist. Für beide jedoch ist der Glaube an Gott mit der Forderung verbunden, diesem Glauben entsprechend zu leben.

Warum gibt es Kriege?

Gewalt zwischen Menschen gibt es, seit Menschen anfingen, anderen Menschen etwas zu stehlen, was diese besaßen oder durch Bodenbearbeitung gewonnen hatten.

Bereits unsere frühesten Vorfahren in der Steinzeit schlugen sich um neue ertragreiche Gebiete, um sich dort niederzulassen.

Heute gibt es beispielsweise Krieg, weil einige Völker die Grenzen nicht anerkennen wollen, die ihre Länder voneinander trennen. Man nennt dies einen Territorialkrieg.

Oder es kommt vor, dass innerhalb eines Landes verschiedene Volksgruppen nicht zusammenleben wollen, weil sie nicht dieselbe Herkunft, Kultur oder Religion haben. Daher kämpfen sie gegeneinander, um sich gegenseitig ihre Gedanken und ihre Lebensweise aufzuzwingen. So entstehen Bürgerkriege.

Einige Gruppen, die sich bekämpfen, setzen für diesen Kampf nicht nur ihre Armeen ein, sondern geben dem Krieg durch Attentate oder Geiselnahmen ein neues Gesicht.

Nach dem Ende des Zweiten Weltkriegs im Jahr 1945 haben aber einige Länder beschlossen, sich zu verbünden, um künftige Kriege zu verhindern und sich wirtschaftlich und kulturell zu unterstützen. Sie haben die UNO gegründet, die Organisation der Vereinten Nationen (United Nations Organisation). »Der Friede ist der einzige Kampf, den zu führen es lohnt«, sagte der französische Schriftsteller Albert Camus.

Warum sind Mädchen anders als Jungen?

All unsere Herstellungsgeheimnisse sind im Kern jeder unserer Körperzellen in Form mikroskopisch kleiner Stäbchen enthalten, den sogenannten Chromosomen. Wir Menschen besitzen davon 46 – 23 bekommen wir von unserem Vater und 23 von unserer Mutter.

Wenn bei unserer Entstehung eine männliche Samenzelle mit einer weiblichen Eizelle verschmolzen ist, schließen sich die väterlichen und mütterlichen Chromosomen zu Paaren zusammen. Im 23. und letzten dieser Paare spielt sich alles ab, was über unser Geschlecht entscheidet.

Chromosomen beim Bummeln

Das Geschlechtschromosom unserer Mutter ist immer ein X-Chromosom, das von unserem Vater kann ein X- oder ein Y-Chromosom sein. Sie heißen so nach ihrer Form. Es steht also 50:50, ob das letzte Paar XX (Mädchen) oder XY (Junge) wird.

Da jede unserer Zellen weiß, ob wir Junge oder Mädchen sind, unterscheiden wir uns nicht nur in unseren sichtbaren Organen, die unser Geschlecht zeigen, sondern auch in der Funktion unseres gesamten Organismus.

Also wäre alles nur eine Frage der Buchstaben? Nicht ganz! Zwar kann unser Organismus unser Verhalten beeinflussen, wenn es aber um Gefühle, Intelligenz und sogar die körperliche Kraft geht, besteht kein Unterschied, obgleich man das jahrhundertelang dachte. Das sind Vorurteile. Was aus den Mädchen oder Jungen wird, hängt oft von der Familie und der Gesellschaft ab, in der sie aufwachsen.

Warum ist man eifersüchtig?

Ich hasse meine kleine Schwester, die den ganzen Tag bei Mama bleiben kann, während ich in der Schule sitzen muss. Ich ertrage es nicht, dass mein bester Freund am Wochenende diesen Blödmann besucht. Ich bin furchtbar traurig, wenn mein Hund sich auf Papa stürzt, während ich ihn gerade streicheln will.

Halt! Schluss damit! Die Eifersucht zerfrisst dich und vergiftet dein Leben.

Schön und gut, aber dieses Gefühl lässt sich schwer kontrollieren.

Eifersucht entsteht häufig aus mangelndem Selbstvertrauen, so als dächte man: Ich bin es nicht wert, geliebt zu werden. Es ist der Schmerz, den wir empfinden, wenn jemand an etwas Freude hat, was wir selbst nicht haben können. Und es ist auch die Angst, etwas von dem, was wir haben, zu verlieren.

Die Eifersucht wird schnell übermächtig und lässt uns denken, woanders sei alles besser.

Jeden von uns kann eines Tages dieses leidvolle Gefühl erwischen, und am besten verwandelt man sich so schnell wie möglich in einen Eifersucht-Vertreiber, denn Eifersucht ist eine echte Gefahr für all unsere Beziehungen zu anderen. Vor allem hindert sie uns daran, uns auf uns selbst zu besinnen und unsere Fähigkeiten möglichst gut zu entwickeln.

Mein kleiner Liebling!
Ääääääätsch ...

Warum bekommt man eine Glatze?

Jeder Mensch
besitzt ungefähr 120 000 Haare.
Diese wachsen pro Monat um
etwa einen Zentimeter.

Pro Jahr
wachsen die Haare also
um durchschnittlich
zwölf Zentimeter!

Die Lebensdauer
eines Haares beträgt zwischen
drei und acht Jahre,
etwa 15 Mal im Laufe unseres Lebens
erneuert sich unser Haar.

Wenn jemand
eine Glatze bekommt,
dann heißt das, dass sich sein
Haar zu oft und zu schnell
erneuert hat und die Vorräte
erschöpft sind.

Warum steht man auf der anderen Seite der Erde nicht auf dem Kopf?

Das behauptet ihr! Schließlich hängt das davon ab, von wo aus man die Sache betrachtet. Von sehr weit oben aus dem Weltraum gesehen, ähnelt die Erde ein wenig einem kugelförmigen Nadelkissen. Dabei sind wir die Nadeln, die schön gerade in der Kugel stecken. Einige haben den Kopf unten, andere oben oder zur Seite.

Die Schwerkraft hält uns auf der Erde wie die Stecknadeln im Nadelkissen, denn der riesige Kern, aus dem sie besteht, wirkt auf uns wie ein Magnet. Die Schwerkraft sorgt dafür, dass alle Körper sich gegenseitig anziehen. Je größer der Größenunterschied zwischen zwei Körpern ist, desto stärker zieht der größere den kleineren an.

Da die Erde rund ist, ist die Schwerkraft auf der gesamten Oberfläche gleich stark. Deshalb bleiben wir mit den Füßen am Boden, egal in welcher geografischen Lage wir uns befinden, die Flüsse fließen bergab und ein Ball fällt immer wieder herunter.

Die Schwerkraft lässt auch den Mond um die Erde und die Erde um die Sonne kreisen, ohne dass einer auf den anderen stürzt.

Wer also nicht gerade auf den Kopf gefallen ist, steht auch auf der anderen Seite der Erde fest auf seinen Füßen!

Warum können wir uns das Lügen nicht verkneifen?

Ungefähr im Alter von zwei Jahren probieren Kinder kleine Lügen aus, um zu testen, ob die Eltern auch wirklich nicht ihre Gedanken lesen können. Das ist eine notwendige Phase während der Entstehung der Persönlichkeit. Wenn man allein auf einer Insel wäre, könnte man sich zwar Geschichten erzählen, sich aber nicht belügen, denn dazu gehört immer die Anwesenheit eines anderen.

Eine Lüge kann »nützlich« oder »kompensatorisch« sein. Aber wie unterscheidet man zwischen beiden? Wenn man weiß, dass man etwas Schlechtes gemacht hat, es aber nicht zugeben will aus Angst, nicht mehr geliebt oder ausgeschimpft zu werden, bedient man sich einer nützlichen Lüge, man leugnet die Wahrheit, weil es bequemer ist.

Von einer kompensatorischen Lüge spricht man, wenn jemand ein Ereignis erfindet oder ausschmückt in der Hoffnung, sich in den Augen der anderen interessanter zu machen.

Es ist manchmal schwer, die Wahrheit zu sagen, daher wäre es in dem einen oder anderen Augenblick sicher einfacher zu lügen. Welche Art der Lüge man aber auch benutzt, sie zieht uns immer in einen Teufelskreis, aus dem wir schwer wieder herauskommen.

Die Wahrheit erfordert für den Augenblick Mut, aber wie erleichtert ist man doch am Ende, wenn man sich zu ihr bekannt hat! Ihr habt die Wahl!

Können meine Wünsche erhört werden?

Ihr habt eine Sternschnuppe bemerkt? Wunderbar! Das soll Glück bringen! Wünscht euch etwas, es wird in Erfüllung gehen! Ja, aber wie soll das gehen? An wen wenden sich diese Wünsche? Und wer könnte all unsere Wünsche einfach so, mit einem Zauberstab erfüllen? Wenn nicht gerade der Zufall mitspielt, besteht wenig Aussicht, dass unwahrscheinliche Wünsche in Erfüllung gehen.

Ein gutes neues Jahr! Gesundheit! Alles Gute dem Brautpaar! Solche Wünsche, die man anderen gegenüber ausspricht, sollen Unglück fernhalten. Und so sehr man sich auch wünscht, sie mögen in Erfüllung gehen, es kommt nicht immer so! Man hat keinen Einfluss auf manche Ereignisse. Krankheit und Tod gehören dazu.

Es gibt aber auch Wünsche, die eher ein Versprechen sind, das man sich selbst gibt, wie zum Beispiel der Wunsch, nicht zu schummeln oder keine Gewalt anzuwenden. In diesen Fällen hängt es natürlich nur von uns selbst ab, ob sie sich erfüllen.

Warum wollen Eltern keinen Hund?

Quengelt nicht, wenn euer Wunsch nach einem Hund einen Sturzbach von Fragen auslöst. Das bedeutet ganz einfach, dass eure Eltern nicht bereit sind, einen vierbeinigen Kameraden aufzunehmen.

Und wer geht mit diesem Flohtaxi spazieren? Wer gibt ihm zu fressen? Wer nimmt ihn in die Ferien mit? Wer pflegt ihn, wenn er krank ist? Und wer tröstet ihn, wenn er allein bleiben muss?

Da könnt ihr noch so viel versprechen und schwören, dass ihr euch um den Hund kümmern werdet, die Eltern glauben es nicht wirklich. Und sie haben Recht, ein Hund ist kein Spielzeug, das man unbeachtet in einen Korb legen kann.

Jede Rasse hat ihren Charakter mit seinen Vor- und Nachteilen. Der Hund braucht sein Körbchen und seinen Lebensraum.

Da heißt es im Voraus gründlich überlegen, ob alle Voraussetzungen zu seinem Glück gegeben sind und man sich nicht zwei Monate später wieder von ihm trennen muss.

Zudem muss man das Verhalten dieses Fleischfressers gut kennen, denn wenn er sich angegriffen fühlt, verteidigt er sich natürlich durch Angriff und Beißen. Der Wunsch nach einem Hund darf niemals eine vorübergehende Laune sein.

Ein Hund lebt durchschnittlich zwölf Jahre lang. Es ist eine große Verantwortung, ihn zu lieben. Die ganze Familie muss damit einverstanden sein, sonst gibt es gleich bei der ersten Dummheit, die er anstellt, heftigen Streit. Stimmt's, Bello?

Warum muss man immer wieder ins Bett gehen?

Weil man im Stehen nicht gut schlafen kann und weil guter Schlaf für ein gutes Leben wichtig ist.

Stellt euch vor: Wir schlafen ungefähr ein Drittel unseres Lebens. Das bedeutet, ein 60-Jähriger hat ungefähr 20 Jahre lang geschlafen! Schwer zu glauben, dass diese ganze Zeit nicht verloren sein soll. Was geschieht also nachts, ohne dass wir etwas davon merken?

Tagsüber speichert unser Gehirn tonnenweise neue Informationen, es steuert die Bewegungen unseres Körpers und stöbert im Gedächtnis nach allem, was uns nützlich sein kann. Da bleibt keine Zeit zum Ordnen und Aussortieren.

Nach einigen Stunden ist das Gehirn erschöpft und teilt uns dies über verschiedene Signale mit, beispielsweise empfinden wir ein Kribbeln in den Augen oder müssen gähnen. Dagegen kann man nichts machen, nun gehört man ins Bett! Das Gehirn muss in unserem Kopf wieder Ordnung machen. Und wenn man es daran hindert, hüte man sich vor Vergeltung: Man wird alles verwechseln, hat zu nichts mehr Lust und kann in der Schule absolut nichts mehr behalten!

Wie lange jemand schlafen muss, hängt davon ab, wie viel Zeit sein Gehirn zum Ordnungschaffen benötigt.

Als Kind lernt man sehr viel und braucht daher mehr Schlaf als die Erwachsenen. Ein Baby schläft mehr als 16 Stunden und zwischen sechs und zwölf Jahren schläft man etwa zehn Stunden.

Jetzt rechnet selbst! Wann müsst ihr ins Bett gehen?

Thematisches Inhaltsverzeichnis

Die Erde

Kleine Ängste und Angewohnheiten

Gefühle

Der Himmel

Fragen zu Glauben und Tod

Das Leben in der Gesellschaft

Etwas ungewöhnliche Fragen

Das Leben als Kind

Blumen und Früchte

Die Körperfunktionen

Tiere